# 在沉寂與鼎沸之間

黃碧端著

三民叢刊 63

三民書局印行

# 自序

黃碧端

收在這本書裡的，是近三年的一些時論文字，一共七十五篇，依性質略分為教育、法理、國會、兩岸、民意、域外、人情和雜篇八輯。

這三年，是我們的社會急遽變動的三年。兩黨政治日漸成形，兩岸關係日趨繁複；有很多更張的意圖在進展，有更多固有的信念在動搖。我們的整個社會充滿體系變易、價值轉換之際的焦慮和亢奮：如果說政治上是技術官僚在替換老成謀國的典型，則社會上是民意的制衡在對抗決策的威權，教育上是傳遞技能的功用淹沒了傳道解惑的使命，道德上則是金權與功利不斷蠶蝕原已稀薄的理想主義……這個社會，在沉寂與鼎沸之間擺盪。多麼險象環生！有人說。多麼原則模糊！第二個人說。多麼——呵，多姿而繁複！第三個人說。

作為擁有一個固定的發言空間的寫作者，這眞是「最壞與最好」的時代。最壞，是因為在泛濫的媒體和更泛濫的語言砂礫中，往往眾聲交集，同歸於玉石俱焚的結局；最好，是因為那多變與模糊的社會面貌正提供了思考發言的豐富原料，而這個時代，到底學會了起碼的、不封殺聲音的美德了。你也許在意想不到的角落要面對挫敗，然而認眞的發言也總有可能會構成輿論整體的一部份，而不是徒勞。我不曾期望自己成為輿論英雄，但自期是認眞的發言者。

這七十五篇文字，除了文末註明出處的三篇（〈興革與因陳之間〉／《中時晚報》，〈沒有哭聲的災難〉／《聯合報》，〈該誰來自我期許〉／《民生報》），都取自我在聯合副刊的專欄。「聯副」同仁長年的支持和耐心，值得我這樣忙亂拖沓的作者永遠的感謝。

也謝謝三民書局，第二次出我的書。

一九九三、九、十二

# 在沉寂與鼎沸之間

目次

## 輯二 拆解形象的英雄

——法理篇

## 輯三　哪個制度好？

### ——國會篇

## 輯四 「同胞」與「朋友」

### ——兩岸篇

## 輯五 在沉寂與鼎沸之間

### ——民意篇

# 輯一

# 興革與因陳之間

## 教育篇

# 「修課」之必要

有個熟人在雙子城的一家大生產公司做一個部門的主管，新舊年交接之際，要給單位內的工作人員打考績評語，這事可想而知當然是苦差。朋友一邊考評，看在我對他公司裏的人反正一個不識，便一邊跟我斟酌字眼：有時是抽象的感覺得轉換成具體的描述，有時是具體的缺失卻得出以意在言外的表達——看來，即使是硬板板的技術工作，一旦面對的是「人」，需要的「技術」便毋寧都是「文學」的了。

考評到其中一份時，朋友苦思許久，不能下筆，最後廢然說，這人該得最高分的，研究做得頂好，一年裏替公司拿到了好幾個專利，「可是他居然整年沒修半門課，他為什麼不修課，這教我怎麼給他好分數！」

他說的那人，看來具備了各種好條件：長春藤名校出身的博士，工作了幾年，從不跟人勾心鬥角，工作又勤奮……，我聽聽倒逐漸有幾分義憤塡膺起來了：既知是好，為什麼還非要人去修什麼課，結果弄得不修變成罪名？可是不成，朋友堅持，科技發展得這麼快，再頂尖十全的人都很快要落伍，課是年初就建議他修的，整年都不修，當然不成。

這樣說也就有點道理了，可是我不死心：他不是明明研究做得頂好麼？可見你無法證明他因爲不去修什麼課而有欠缺，再說，做主管的人容易把屬下的個性看成對自己權威的挑戰，因而失去公正的衡量。我因此換個方向問這朋友：「你想他是因爲太忙還是太驕傲所以沒去修課？」朋友不假思索就說，「太忙。」——朋友其實是一心想幫這人的——我說那好，你如果認爲他值得高分，替他加幾句說明不就好了麼？

朋友大概接受了這建議，不過一面還在掙扎：怎麼可以不修課，我自己去年都修了三門課，我還不更忙嗎？……

美國人的迷信「修課」當然並不是新鮮事，這是多年來工商業界用以保持與時俱進的活力的一個普遍設計。普遍的程度到了許多人既不爲考績也無關乎工作而拼命找課修，成了所謂的 course junkies——上了修課癮的人。全美國的「大專院校」不下六千所，其中不開進修課或你願意繳費而他不讓你上課的大概很少，聲譽高的校園當然更接受委託，替各類機構設計專門課程。其中大者如加州大學的洛杉磯分校，一年中開的課外進修課程多達四千五百個，吸引了十萬以上的人來修課。光一個UCLA便如此，這六千個院校加起來，數字之龐大可以想見。（因此看到我們許多官員、民意代表動輒拿出美國「某校研究」的「學歷」時，小民百姓大可付之一笑。）

對美國人這種修課的精神，我一邊也是佩服，一邊卻怕求知的信念一定要變成這樣一門課兩門課的計算法的話，不免又落入平頭主義的陷阱，難得其平。不過，看看所有的公司企業都這樣熱中要求員工修課，修課恐怕在強迫「進步」之外，還有許多僱主們所關切的附帶功能，比如說，可以促使專業人員經常走入不同的人羣，不致因專業而離羣；比如說，可以使員工無形中在不斷證明自己是一個符合俗眾標準、願意接受指令的人；比如說，可以使受僱者恆常保持一個「受教者」的身分，謙卑守分一些……

我找出來的這些「功能」不一定是僱主要員工修課的原始因素，但這麼多年的推展擴增，這些功能也必然有機會一一顯影，使僱主更願意投資促使員工不斷去「修課」。當然，未必沒有一點風險要冒，比如說，朋友的那位同事，再接到一個修課通知的話，說不定下年跳槽去了，但絕大多數人是不會抗拒修課的要求的，光是UCLA一校每年的十萬「修眾」，豈是平空冒出來的？

——寫於北美雙子城

一九九〇、一、十四

# 高中生與史地課

教育部計畫要把高中課程作一些修正：歷史地理要變成選修，中、外文每週各減一小時，自然學科則分科而增加兩小時。總共的上課時數，大約每星期少兩、三個鐘頭。改變的重點，歸納起來，是人文課程讓出一點時間給自然課程，總上課時數則略減。理由是可以減輕學生課業壓力。

高中學生的壓力其實不來自每週上三十五節課還是三十七節課，而是來自無止休的升學的準備——反復的記誦、模擬、演算……，高中教育的問題，也因此不來自學生要不要在學校裏多待兩小時，而來自這些記誦演算的呆板和煩瑣，不留情地抹殺了多數年輕人本來活潑的心智和對知識應有的自發喜好。

在這個考慮下，我贊成把凡是只要反復記誦就能得分的學科，比重都降低，其中當然地理歷史也屬之。

在我自己大約稱得上順利的受教育過程中，最不堪的記憶便是高中階段的「記誦之學」。我念的學校是明星中的明星，而進的那一屆正好有所謂的實驗班，一進高一便已經又作了篩檢，「篩」進實驗班的學生，本質上都是冰雪聰明，然而，到畢業的時候，卻也都已經是機器般地善背。我同班的四十幾位同學，有將近四十人進了臺大，可能是臺灣聯考史上空前絕後的紀錄。這四十幾人全班的聯考地理和歷史平均分都是九十幾分（我一人獨爲六、七十，堪稱害羣之馬，虧得史地之外還有別的考試科目，總分因此也足够進臺大而有餘）。然而，不管在考試的當時還是隔了二十年以上的此時，我都確信那驚人的地理歷史高分既不代表史識，也不代表五洲七海的輿地眼界。越是依附考試的要求的學生，便越傾向於放棄思考；越是倚賴課本的人，就越是懵懂於知識的眞義。賈寶玉痛恨滿目只想應舉的「祿蠹」，心情眞不難理解。

不過，避免史地課程的「考試威力」，並不表示史地知識沒有足够的重要性。學生如果不上史地課，制度上應該有別的方法來保證受過高中教育的學生在人文史地知識上能達到一個起碼的要求。

前幾年美國英文界的大老級學者賀希（E. D. Hirsch, Jr.）寫了一本轟動一時的書，叫 *Cultural Literacy*，這個書名，近於無法翻譯，勉強可譯爲「必備的文化素養」。賀希教授直陳美國大學校園（以及整個社會）充斥著表面上受過教育，而其實是「文化文盲」（cultural illiterate）的人，起碼的人文史地、社會自然的知識，在受過完整教育的人當中都無法成爲共同的交談話題，而一個社會的素質和持續的成長卻必須建立在共同的文化素養的要求上。

賀希的指控，說出了一部分事實，但也失之嚴厲，因爲美國是一個全民都有權進大學的國度，一個知識分子所視爲「起碼」的知識，求之於「全民」千差萬別的智能，是必然要失望的。

可是，在我們這樣一個絕大多數高中生是爲了聯考要考才背史地的社會裏，一旦史地可以不修不考，則我們不是「全民」而是「精英」（考生中的百分之三、四十錄取率）的大學生，卻眞的要充塞著「文化文盲」了。我贊成高中史地變成選修，因爲我相信有些聰穎而愛讀書的孩子，小學時期的史地知識很可能就超過了某些大學生，一如有些十一、二歲小孩的文字能力可能比文學院裏少數不通的學生還好些一樣。但是，全面而言，我們需要一個會考或某種甄試來保障不管修不修史地課的高中畢業生，都有起碼的史地知識。

在期望高中生解除「記誦之學」的夢魘的同時，我不敢忘記，滿街「文化文盲」的惡夢，也許就等待在另一頭。

一九九一、三、十七

# 荒謬的大學校園

前兩週在聯副上讀到高大鵬教授談大學校園的「師生倫理與行政暴力」，高先生說現在大學裏的校務會議中行政人員占了近半，等於校長掌握了一支「表決部隊」，校務會議要不變成校園裏的民主花瓶，成員應該要完全以教授爲主體。

高教授的「行政暴力」論反映了某一程度的事實。不過，我也忍不住想指出，參加校務會議的行政人員泰半也同時是教授。仔細分析，大學的校務會議其實是「以教授爲主體」的。問題在於高先生對教授們太高估罷了。衮衮諸教授裏正不乏表決志願軍，而許多校園中的制度和行事，其荒唐程度攤開一看，說不定校園外的「無知小民」都要咋舌，今天大學裏的問題，與其說來自「行政人員」的參與，不如說更反映了大學教授普遍的人格和心態。——而大學教授和大學行政的關係，恐怕也恰恰就是幾千年來中國知識分子和中國政治的關係，我們從中間幾乎可以領悟到所有中國社會問題的由來。

我自己多年在大學任教，足跡也遍及國內所有的公私立大學校園，「見聞」不算譾陋，信手就可以拈出幾個荒唐制度來印證一下教授們的「治校」能力：

這幾年，教育部提供了豐厚的獎金來酬犒各校選出的「傑出教師」。教師書教得怎麼樣，說實話，只有親炙的學生最了解，同仁如果略知一二，也是經由學生的反映得知的。同仁如果是同行，也許還能就學問人品推知部分，如果隔行，如何知道某人書教得怎麼樣！然而大多數的校園，第一關的投票雖是由學生參與的，越到有決定性的院級、校級，就越是由對彼此了無所知的同仁在投票。我知道的就有一位某校園中廣受學生愛戴的老師，年年由學生最高票選出，卻不斷被不相干科系的同仁投票刷掉，壞只壞在這人只管認眞教書，不應酬，沒有「知名度」。這，當然是不公平。法學院或理學院的教師如何知道該選哪一個文學院或工學院的同仁爲「傑出」呢？投票的那一刻難道沒有一點良知的掙扎疑惑麼？然而年年就這麼投了，有人甚且是揣摩著「上意」投的，投票的人，都是「教授」。

更荒謬的還在後頭。教師的升等是校園大事，是對教師教學與研究能力的肯定，怎麼肯定呢？年資、教學成績、對學校的服務貢獻、學術著作的水準，鉅細靡遺要一一考察，最重頭的當然是著作，得有三位校外的本行專家審核，審核人選當然要萬分慎重、層層防弊，三個專家最後至少要有兩個通過才可以。「可以」是什麼意思？——什麼意思都不是！有不只一個國立大學，它們的升等程序，最後一關是由校內一級學術主管加上每個學院的兩位教授代表開會秘密投票，不管你的服務、教學、著作審查回來的成績多麼好，秘密投票的結果說你票數不足，前面一關關的縝密程序就一筆勾銷。這會議的成員假設有二十五人，屬於同院的最多只有三人，其餘的二十二票，對工學院的人來說，是既讀不懂他的著作也沒上過他的課的法、商、文、理……的人投的，對文學院的人來說，也同樣是對他一無所知的理、工、商、法……的人投的，這樣一個烏合的投票軍的決定，卻有權取代所有當事人的努力和專家的審核。這辦法，當然，充分開了人類智力和公平信念的玩笑，是校園暴力之尤，但它的執行人，全是大學教授。教授們中間當然也有看出問題的，但他們面對眾多敷衍唯諾甚至揣摩逢迎的投票「同袍」，多半就噤聲無奈地讓這樣的制度一年年「執行」下去。

我們也許奇怪爲什麼這幾年校園裏的對立氣氛這樣濃厚，知道有那麼多荒唐的制度和作法在努力累積怨氣之後，也許也就不覺奇怪了，眞正可怪的倒是，那些怨氣爆發出來時都「卽興」而目標模糊得很，少見眞正在找尋怨氣的根源、著手制度的改革的，這，也許才是我們的大學和我們的知識分子最根本的問題吧。

一九九一、六、二十三

# 郝院長何不學廉頗

行政院郝院長前兩日在立院答詢時，嚴詞責備臺大的孫震校長讓外人混進臺大校園參與靜坐示威，又在軍警驅離時「高高在上」找不到人，「不負責任」云云。新聞披露之後，朝野震驚。我們的「朝野」其實一向是不怎麼體恤人文的，但見到這樣的事都知道震驚，郝院長卻一直要到兩天後，才憬悟到自己欠孫校長一個道歉，對於大學和代表大學的校長在一個社會裏應該得到什麼樣的尊重，郝院長，不幸地，相當落在「朝野」的認知之後。

假如郝院長對孫校長處理靜坐事務的過程不滿，他可以約見孫校長當面進行了解，他也可以經由行政管道表達對事情發生的遺憾，即或是還未及溝通而已經到了立法院答詢，也只能就自己所知的部分，答稱當時軍警必須處理靜坐羣眾而據報無法找到孫校長，因此只好直接驅離……。以雙方的身分地位來說，私下的「嚴重關切」或公開說明時道及姓名，就已經是足够傳達不滿的「重話」了。郝院長在答詢前既不曾試圖在軍警單位的報告之外也從孫校長方面了解實情，率爾公開指責，除了對孫校長唐突失禮，還犯了僅聽一面之詞就下論斷的過失。

至於在孫校長請辭校務後，郝院長也發現自己做法不當，約見孫校長當面致歉，這雖然也算補了過，但卻是一種和在立法院罵大學校長風格類似的「補過」法。郝院長在任何時候都可以約見一位大學校長，唯獨在這樣的失言冒犯之後不行。要表示歉意，郝院長應該像當年的廉頗一樣到藺相如門前負荊請罪——而我們都沒忘記，廉將軍請罪之舉在歷史上留下了千秋美名。

閣揆不可以罵大學校長，當然，跟「大學校長可不可以罵」是兩回事。大學校長也無非是人，而且越來越「無非是個普通人」，眼前臺灣的大學校長裏，就我耳目所及，至少有一半稱不上什麼學界領袖的風範。但是，不行的大學校長，輿論可以罵，街談巷議可以罵，學校裏的師生也可以罵，唯獨行政院長不可以罵。因爲行政院長的地位會使他所公開議論的對象，卽使是個人，也同時是一個名器的代表：他如果罵行政機構人員，代表他對這些機構的管轄；他如果罵反對黨，顯示他對政黨運作的威權；他如果罵一個外國元首，則凸顯他站在政府的地位對該國採取對抗的姿態；……他的指摘對象無可避免地有其延伸意義，因此，對孫校長的指摘，出於閣揆之口，便延伸到校長所代表的大學和學術尊嚴。行政院長有種種權力，但他沒有干犯學術尊嚴領域的權力。

當然更不要說我們幾千年的禮賢下士的倫理傳統，也使這樣的事做不得。在大學校長「越來越跟普通人沒兩樣」的時候，孫震校長無疑仍是公認在諸校長中最具備學術風範和人文關懷的一位，他在面對這個事件前後的種種困難尷尬之際，大致勉強維持了一個大學校長應有的進退尺度。在眼前，孫校長如果眞因此辭了職，對臺大是損失，對社會是一個不幸的事例，對郝院長，則是一個留在歷史上的瑕疵。於今之計，郝院長何不步踵廉頗先賢的典型，公開作一次道歉，既可洗刷軍人形象，也給我們整個社會一個良好的倫理示範；如果能因此使孫校長打消辭意，自然更是學界稱慶的事。

廉頗將軍是兩千三百年前的人，我們樂見隔著遙遙的歷史長廊，眼前的郝院長是一位輝映前賢的善補過者。

一九九一、十、二十七

**後記**：本文刊出當晚，郝院長親赴孫校長住處致意，孫校長隨後亦打消辭意。

# 說不定是大學聯招的轉機

前幾天，臺大的校務會議作成了決議，陳請教育部考慮大學聯考日夜間部合併招生，倘若不獲同意，則臺大將要求明年辦理單獨招生。

就一般瞭解和新聞裏的簡短報導來看，教育部大概不會同意將目前大學聯招日夜間部分開的作法改爲合併。既然如此，我個人頗以爲，教育部不妨棄守聯招的關防，讓臺大辦理單獨招生，這說不定會是大學聯招二、三十年來，存廢改革的討論不斷而始終無處著力的困境的一大轉機。

要討論這個問題，我們先得明瞭目前和日夜間大學聯招相關的一些現象：

其一，多年來大學的日間聯招和夜間聯招不但在作業上分開，學生的畢業證書也各分屬他們所就讀的日夜間部。但是，從去年開始，日夜間部的證書統一發給，不管從哪一個聯招考進來，最後拿的都是相同的日間證書。

其二，從前夜間的定位是在職教育或延長進修，男性應考人必須完役。今年開始，這個規定已經取消。這等於說，現在日夜間應考人的資格完全重疊，卻硬分成兩次考試，使考生在兩個參差的標準下，卻取得同樣的資格認定。

其三，多年來，公私立大學的夜間部都是在既無員額也無經費的情況下，以「自給自足」的方式辦理的，它的生存條件，可以說和日間部完全不相埒。今年作了有限度的調整，但基本上，仍是將立足點不同的教學品質硬給予相同認可的一種假平等。

將日夜間部視同相等而卻不合併招生，這樣的情況所以存在，教育部最大的理由可能是，聯考的問題已經那麼多了，聯招只能逐步縮減，不能再擴大。這是毛部長曾一再宣示的理念。

毛部長的理念很單一，也不能說沒有道理。我們不能不正視的卻是，在這樣的理念下怎麼彌補眼前這制度上的大漏洞。眼前的作法使得聯考一方面把關極嚴，一分兩分之差往往就決定了一個年輕人會進哪個學校或這一輩子要從事什麼學門的工作；但另一方面又門戶洞開，使原來在同一個考試裏分數可能差了數十上百的學生，如今經由不同的考試可以取得完全相同的資格。

如果這個做法的本意是在消除日夜間差別，那麼就該將兩個考試合併爲一，使制度本身必然會形成的不公平消除。如果公正與否根本不在決策考慮之內，那麼聯考制度，不管日間夜間，也就完全失去了存在的必要。在學校教書的許多同仁都記得自己往往爲了心之所安，在改聯考的考卷時，一分兩分的苦心計較，生怕「草菅人命」造成不公，面對眼前的入學制度，這樣的苦心差不多成了一個笑話。

聯考有百害，它的不能廢除建立在公正的基礎上，但眼前的做法已使公正成爲一個空架子。在這樣的情況下，讓臺大開單獨招生的先河，既符合毛部長逐步縮減聯考的理念，也可以使有責任感的校園自己負起建立本校甄試標準的責任，從而有望打破三、四十年來大學聯考的一元化所造成的教學僵化。臺大的奮力一搏，也許正是起聯招沉痾的一個轉機。

一九九一、十一、十

# 興革與因陳之間

## ——教育問題的回顧與前瞻

我們的社會所面對的教育問題，可以說三、四十年間並無太大改變，有之則是教育現狀所引發的社會問題和社會環境所造成的教育瓶頸，經過長期醞釀而日益表面化、日呈嚴重。不過，過去的這一年也是許多轉機浮現的一年，教育決策當局的努力應得到相當程度的肯定，雖然它的成效還有待驗證評估，而一些未盡如人意的措施也值得在未來再加檢討。

臺灣的教育，最爲大眾詬病的當然是升學主義。學生的思考能力、原創性、自主的學習動機、非功利的社會關懷……在升學壓力及因而形成的制式化教學與考試方式引導下，不能得到合理的發展。「僵化」是我們對臺灣學生從小到大的學習過程所感受到的最大隱憂。

然而，比起「僵化」的隱憂，更立即的，是對現行教育體制適應不良所形成的青少年問題。近年來犯罪年齡急遽下降，青少年蹈法比例不斷上昇，其中吸毒、搶劫、性犯罪等以往幾乎僅見於成年罪犯的案例，如今竟常見於國、高中逃學「翹家」的未成年學生。教育學者、家長、教師都注意到國中的「放牛班」的問題，而放牛班的問題不僅僅在學生被「放牛」而已，它反映了九年義務教育師資課程等客觀條件和教育目標不能配合的問題，反映了家庭和學校對青少年行爲導正的無力，反映了媒體訊息的耳目濡染的嚴重，反映了同儕(peer group)相互模仿的青少年文化內涵。我們的教育問題，除了知識傳遞的環節，在行爲的導正和人格養成等方面可能更迫切地需要因應。

當所有的社會因素都在助長升學主義，而升學主義又與教育的正常目標與理想背道而馳，我們的教育前景毋寧是難以樂觀的。不過，今年的教育決策當局顯示出相當熱切的改革決心，其中已經做到的和確定將要進行的一些變革都提供了可展望的遠景，但也有許多受挫的構想和托空的辦法，甚至還留下了相當荒誕的變革，有待輿論繼續促成和糾正：

今年最鼓舞大衆的教育改革應是十二月間教育部「大學入學考試中心」所提的大學聯考改革方案。這套已經多年研擬而近於定案的改革架構，因爲基本上涵蓋了推薦甄試、預修甄選和改良的聯招方式等多元入學管道，雖然不可能消除升學競爭的各種問題，卻必然可以改變原有體制下一元管道造成的教學僵化，這套方案有望在近兩三年內逐步付諸實施。這個方案的提出也是大學聯招自民國四十三年實施以來最重大的一個改革構想。

教育部今年同時也開放了私校收費標準的彈性，也成立了私校教師的退休基金。這些措施應有助於私校站在較有利的立足點上辦學。而也只有當私人興學能蔚爲教育重鎭（如歐美情形）時，教育的多元與生機方有最好的保證。

教育當局今年一個充滿「卽興」意味的敗筆是把大學的日間和夜間部作成入學甄試對象相同，給予的認定（畢業證書）也相同的新規章，卻維持經由不同考試收取，且也顯然無法給予同等教學環境的舊有作法。此舉對聯招所新標榜的公正戕害極大，而教育部始終沒有提出任何使大眾信服的說明，也不曾謀求有效補救。

高中課程的修訂是另一個大眾關切的問題。在十二月間所提出的修訂標準中留下了自然與社會科過早分化的問題，以及國、英、數等主科時數減少，倍受爭議的軍訓課卻保留原時數的問題。這也提醒了我們，前此有關大學「國父思想」課程的改革擬議似也在一場討論過後遭到擱置。決策當局在大學日夜間聯招問題上的躁進和在軍訓、國父思想等課程修訂上的保守，成爲顯明且自我矛盾的對比。

升學主義一大部分是社會環境的產物，並不容易扭轉。但在升學主義的大環境下，打破教學內容與方式的僵化仍是有可能的。比諸前面談到的某些未必有興革的正面意義的措施，我們希望教育當局應更積極考慮某些開放措施，其中如容許開辦實驗性的私人中小學，和中小學師資管道的大幅開放。這兩類開放，關係到一個合理的社會應該有相當大的空間讓有合格學養和教育理想的人投入。今天，一個不管提出多麼妥善的計畫的人，都得不到開辦一個小小的學校的機會來爲現有體制提供借鏡。同時一個一般大學某一主科的優秀學生，由於在學期間沒有什麼修習教育學分的機會，即使有心投入教學，也得不到和任何一個師範畢業生同等的機會。

計畫教育已經證明無法提供最好的師資來源，在一個急速變動和發展中的社會，計畫教育（尤其師資數量的規劃和中小學的全面公設）也顯然不合自由經濟的原則和多元開放的需要。升學所造成的嚴重的「制式化」，教育當局應以打破制式化的毅力和心胸來扭轉。

一九九二、一、一《中時晚報》年度文化總體檢專刊

# 優良教師怎麼「肯定」？

有一種教書的人，眞把傳道授業解惑當成絕對的良心事業，碰到什麼樣的橫逆不平都不改其初。這樣的人極稀罕，但不是沒有。

我自己初進臺大的時候，校園氣氛跟今天遠遠不同，一場好的學術演講往往吸引了滿講堂的人（同樣的吸引力今天只有綜藝節目主持人才能辦到，而大學校園也果然不乏請綜藝節目主持人「演講」的事）。在我初進校門時去聽的幾場演講，最不尋常的是總看到聽眾中一位瘦小的老先生，在演講後提出問題跟主講人反覆討論。他的態度很誠懇，語言非常有條理，後來才從別的同學那兒知道他就是殷海光先生。當時殷先生已經多年不被容許開課演講，但誨人不倦的心意似乎一點沒有改變。他身邊總有一羣學生跟著。常常，在月光下的椰林大道，或杜鵑花盛開的草地上，你都可以看到這位瘦小的殷先生在跟學生高談闊論，言笑晏晏。教人想到，蘇格拉底當年在雅典街頭大概也就是這情景吧。

我對殷先生唯一的認識就是在演講會上看到他專心地提問題、誠懇地討論。這樣的事，在當時也並非只有他做，校園裏也常有別的老師出現在會場參與討論，這種純學術性的相與析疑的風範，對當時我這樣一個十幾歲的大一學生，眞是極大的啟迪和感動。

後來我也讀了他的《邏輯新引》、《思想與方法》，對於這樣一位必然是第一流的教授爲什麼會失去講臺，始終也不能了解。唯一的解釋只能是，兩千三百年前發生在蘇格拉底身上的事，兩千三百年後換一個空間又改版演出。在一個欠缺講理能力的社會，一個人最大的過失往往只是他想講理。

可是，說了這麼多話，不是爲了介紹殷先生，我也沒有資格介紹他。我想說的是，世界上有殷先生這樣的教師，受到最不平無理的待遇，依然沒有放棄他的學生；也有蘇格拉底這樣的教師，什麼酬勞也沒有，而一心傳道解惑，死而後已；還有孔夫子那樣的教師，也沒什麼酬勞，而教不厭誨不倦。

原因很簡單，學生的受益和肯定是一個教書的人最大的精神支柱，使他在困阨不平中堅持下去的往往只來自這樣的精神支柱。

這一陣子，差不多是各大學校園正在辦理「傑出教師」選拔的時候，而除了極少數例外，我的瞭解是，各校的選拔過程便是一關一關地否定學生對老師的判斷。我知道的一位極認眞而廣受學生愛戴的教師，便雖然年年由學生以最高票選出，卻不是在本單位被對他認識不及學生的同仁否決掉，就是到了院級選舉時被對他認識更少的同仁刷掉，僥倖出了院門，則還有不同學院的對他一無所知的校級同仁投票可以否決他。越到上層對候選者認識越少，否決權卻越大，他們既被賦予了盲目投票的權力，自然只好從別處找憑藉，於是參選中如果有單位主管或主管的至親或主管的得力幕僚，便紛紛上榜。

我知道的這位同仁的灰心不平可以想見，一樣可以想見的是這種現象對全面的校園士氣的打擊。選拔優良教師是爲了尊師，然而卻因爲制度的荒謬而落到這樣的結果，雖未必是立法者的本意，這樣的辦法而有這樣的結果，卻實在是自然而且必然。

我因此想起殷海光先生來，我當然也禱告所有面對不平的教書人都像殷海光先生一樣不放棄他的學生，可是，殷先生所面對的不平並不包括否定學生對他的愛戴，他因而從他們的肯定中得到他最終的支柱。當一個荒謬的「肯定優良教師」的制度卻其實是一關一關在否定親炙的學生的肯定的時候，唉，我眞想聽聽殷先生會怎麼說。我們的周圍，多麼需要理路清晰的思辨！

一九九二、三、八

# 「很好發揮」

每年大學或高中聯考的國文或英文科考過，第二天報上就少不了對作文題目品頭論足一番。最簡單明瞭的反應是「很好發揮」或「不好發揮」。有時出「狀況」了，比如說某補習班猜中了作文題目，或某參考書模擬題正好與試題雷同，於是有人抗議，有人則高興萬分，因爲他正好上了那補習班或者做了那模擬題，揀到了「便宜」。

當然最多的情形還是「很好發揮」。出題的人順應考情和輿情，考者和應考者也就皆大歡喜。

這回大專聯考過後國文作文的題目「變」和英文作文的題目 Time，大致也被認爲「很好發揮」。

我每回看到這「很好發揮」的報導，心裏就毛躁起來。這些覺得題目「很好發揮」的考生，究竟「發揮」了什麼呢？是這題目引發了他自己的一些想法看法，還是這個題目有很多老生俗談的「口水話」可說？在「很好發揮」之際，他又用了什麼文字什麼章法來「發揮」了呢？是受了十幾年教育的人應有的起碼的通順和組織能力呢？還是補習班作文範例裏抄來背來學來的半通不通的文字和思路鬆散的結構？對語文品質的欠缺認識是使一大羣人會同時對一個作文題目說「很好發揮」的基本原因，也是一個人看到試卷上的題目是參考書裏做過的就自覺揀到了便宜，看到別人做過而自己沒做過就覺得吃了大虧的基本原因。

——對寫得出好文章的人，最好的文章永遠可能在他還沒做過的題目裏；最可以「發揮」的主題也永遠在挑戰性最大最不能以老生常談來「發揮」的題材中。

當然這樣說有點陳義太高：才是考大學的學生罷了，能湊出篇短文來，也就不必再苛求了。不錯，但是我們頂好也不要因為這一念之仁，就對這「很好發揮」背後的語言教育問題裝作看不見。

改過各類考試的作文試卷的人，鮮有不對今天考生的「發揮」能力嘖嘖稱奇的。試卷中有許多雖洋洋灑灑而沒有一句通順——原因無他，考生在受教育的過程中既不曾從廣泛的閱讀培養出對問題的思考和表達能力，他的老師在臨考時所傳授他的「秘訣」大概也就是「儘量發揮，寫多點就有分」。那些從考場走出來，高興地說「很好發揮」的考生，有多少不是以這樣的原則在看待他們的作文試卷，在「作」他們的「文」？

這種「發揮主義」在本國文固然充分發揮，碰到英文，更是花樣百出。從前面的閱讀測驗單元抄一段來充當自己的作文的有之，連著二十份卷子都寫一篇文不對題而一模一樣的文章者有之（顯然是同一個補習班或同一個「名師」教誨出來的），看得人眼冒金星的「字母湯」更多。這些考生，當然也都自認爲是「發揮」了的。

我們的語文教育，這樣「發揮」下去，將伊於胡底呢？

一九九二、七、五

# 另一位林老師

在林靖娟老師爲了從火中救出幼稚園的小朋友而犧牲的事發生後不久，有另一位在荒遠的臺東海邊小學任教的林煇開老師，爲了救他的學生而葬身海中。林老師在六月中旬的某日下午聽說有學生下課後到海邊去玩，他不放心趕去，到海邊時正好看到海浪把去玩的兩個學生捲走，林老師立刻跳入海中搶救。他沒有再回來，陪著他的學生永遠地走了。

林老師只有二十一歲，死前正在請調回高雄岡山，因爲林老師自幼喪母，靠祖母辛苦帶大。調回岡山是爲了可以就近照顧生病在醫院裏的祖母。當然林老師還沒調回來，而他的祖母已經從此看不見她的愛孫了。

聽到噩耗哭成一團的小朋友自責說，要是聽老師的話在家裏溫習功課，老師就不會白白犧牲了。

當然這話只表示林老師曾告誡學生回家要溫習功課，不表示他是個只會要學生留在家裏溫習功課的老師。他自己是足球國手，還義務擔任學校的足球教練，學生下課後做什麼也並不是他的責任。是他的放心不下使他犧牲了生命。這樣的老師，即使只是去家庭訪問碰到學生家裏失火或一起郊遊碰到山崩，他的反應都會是一樣的。而既是因爲放心不下而做了自己要做的事，林老師雖是犧牲了，也許並不以自己的「白白犧牲」爲憾。

然而如果拿林靖娟老師所造成的媒體報導、政要發言、編入教科書、建立紀念碑種種喧騰來比，林烜開老師的犧牲誠然是有點「白白」。事情發生在偏遠荒僻的東部海邊，新聞沒有賣點。林老師的身後和他選擇的工作地點、葬身的海邊一樣，是寂寞的。

而六月七月，其實是校園熱鬧的季節。熱鬧的校園有黨政大員們到大學畢業典禮上講示爲人爲學大道理的新聞，有接連數起的教師性騷擾遭學生告發的事件，還有大學生扮搶匪被逮的消息，至於中小學生唱完驪歌就去砸毀教室門窗「作個紀念」，甚至把哪個老師揍一頓「以洩積忿」的事情，據說已經慣見到不構成新聞上報的條件。

在我們籠統地說「師道」的時候，那爲師者的良和莠本來是千差萬別，各自以他們最動人的好和最可恥的不好構成教育面目的整體；在我們籠統地說師生關係的時候，我們其實可能忽視了師生關係中的人格互動才是完成教育使命的最重要關鍵。兩位林老師都是師道正面典型的極端，兩位林老師的死，眞正的意義則在這人格互動上彰顯的師道。

林靖娟老師的事情發生後，各報新聞熱鬧了幾個星期。林煇開老師則只有《聯合報》上兩則簡單的報導。我讀那報導時不期然想起小時候有一回在金山海濱，傍暮時分，浪聲大了起來，有人慌亂地大叫著跑來，說某某被大浪捲走了，那時暮色正沉下來，浪聲中充滿大自然無情可怖的威脅，好些人一起站在海灘上，打著赤膊的救生員也來了，但都望著浩瀚的大海搖頭，沒有人下去救，也沒有人敢說該下去救。

想起那景象，因爲我知道海浪的可怖跟林煇開老師的勇氣和愛心可能是什麼樣的對照。

一九九二、七、十二

# 思想起

## ——補習種種

人本教育基金會最近公布了一個調查結果，全省有八成國民小學學生課外補習，有些補課業有些補「才藝」，其中在「老師家裏」惡補的更占到一半。

同一個調查中的另一個發現是，課業補習到國中一年級陡升，「才藝」則略降，唯一的例外是，高雄市國一新生補習才藝的比率高達全省之半。由於高雄是唯一自去年起全面試辦「自願升學方案」的地區，這個現象顯然說明了，「自願升學」未必消弭了補課業的老問題，倒是使得補「才藝」成了學童的新枷鎖；實施「自願升學」之後，課業計分是美勞音樂體育分數都要看的，這些「才藝」如今因此也就非補不可了。

極可能，國中生「自願升學方案」除了把我們教育的最後一個平等的據點——聯考——打散之外，對所有其他的教育沉痾，一無解救之力。一代又一代的孩子在補習文化中扭曲了他們的價值觀，斲喪了知識的興趣，而且，也動搖了對人性的信念——他們多半會從要求他們補習的老師那兒，看到了他們所應該尊敬的人的牟利、虛僞和無愛心的面目！

我可能是在臺灣長大的一代裏少有的不曾參加補習的。但我最早的「人性啟蒙」卻來自「補習文化」。我的小學四年級的老師因爲我不肯參加補習，把我的座位排到一個「成績不好」的位子上。念書對我一向輕鬆，我在全校千餘學生裏都是前一、兩名，豈有在自己班上「成績不好」之理，我老實不客氣地問爲什麼位子這樣排，我的老師也胸有成竹地答說「你是應該每科考一百分的人，只要還有一科九十幾分的，自然就不可以坐最好的位子。」至於爲什麼其他八十幾分的可以？因爲他們「都有進步」，是「眞正的好」。我那四年級的腦袋當然也已經一下就看清楚這老師不能讓一個不參加補習的學生繼續做「好學生」的用心。那之後一直到畢業，我沒有參加一天補習，但是是全班唯一考上北一女中的學生。

補習給當年那十歲的孩子示範了世事運作中一個陰暗的定律，如果不是我也幸運地有機會碰到許多正直的、敬業的老師，如果不是因爲不補習而留下更多的空暇，使我能在廣泛的課外閱讀中接觸到更全面的人性和知識，我卽使沒有變得更無知，至少會在人格的形成中失去持平和堅持的能力。

也因爲這樣的經驗，這些年我雖也時時爲文討論到聯考的弊病，卻不能不肯定它是一個能免於個別的偏見或私心的掄才機構。倘若當年我面對的也是「自願升學」方案，憑在校老師的好惡就足以判定我得什麼樣的等第，進什麼樣的中學，我大概只有兩個結果可選，一個是昏天黑地地參加補習，成爲另一個塡鴨出來的制式產品；另一個是接受「補習的才是好學生」的評判結果，坐到因爲不肯補習所以「成績不好」的位子上，進入「成績不好」的學生該進的學校去。

這麼多年來，補習之風變本加厲，有多少我們的孩子在一無選擇中接受他們的人生的負面啟蒙，是使人想起來就焦慮的問題。人本教育基金會的調查讓我們無論如何得再多想想。

一九九三、一、十

# 輯二

## 拆解形象的英雄

法理篇

# 華隆案的道德劇

許多法律案件，都同時有著強烈的道德戲劇性，這是所以像「洛城法網」這樣的戲能夠那麼「有故事」，而且演得那麼好的緣故。

華隆案發展至今，其實也是雙線進行，法律的部分步履維艱，傳人有屢傳不到者，問話有問而不得要領者，辯駁、聲明則有不請自來者……，諸相雜陳之際，眞正透露的，反而是法律和道德拉鋸之間的微妙趣味，有時，甚至是道德「位階」產生歸屬的兩難——公義私情抗衡固不必論，朋友之義和妻子之義也抗衡了，正義感和服從律也抗衡了，其間的「戲」(drama)自然就多起來。

以執法者來說，我們的法律賦予檢察官相當大的偵訊羈押的權限，但這個權要行使到哪個限度，卻往往建立在檢察官個人的道德意識上，他的執法嚴厲的程度極可能和他的道德感強度成正比。高新武、彭紹謹、許阿桂這些檢察官的辦案風格，無疑都反映出相當強烈的道德意識。失之嚴厲?當然可能。但是，高新武之於吳蘇案，彭紹謹之於蕭天讚案，許阿桂之於張建邦案，卻無疑都在道德性格的失之嚴厲之際，換到了社會對司法公正的一點信心。也正因此，當監察院想調查，立法院提連署，目標都在杯葛檢察官的執法權限時，輿論一片譁動──不是大家急於保護檢察權，而是大家都珍惜檢察官的道德性格，大家都知道在此時此地，這樣的性格不可多得。

輿論不一定對，它只是忠實地反映了大眾對道德萎縮的痛恨。

被「執法」的人就更微妙了。張部長對於家人的涉案，自己和家人知情的程度，前後已經有幾套說法，很明顯的幾套說法不能全眞，張部長把法律的是非題變成了倫理的選擇題，先是犧牲了自己的誠信，繼則考驗起所謂的「兩代交情」，眞正要換取或保護的是什麼，我們不便猜測，但無疑的，華隆案這個道德戲的焦點，現在正落在這「兩代交情」的翁張二造身上：不少人猜測，翁大銘所以始終不肯發言，是爲了朋友間的「江湖道義」。那麼當一造撇清時，另一造的「江湖道義」還會不會堅持?

「江湖道義」在中國人的倫理中一直占據著一個獨特的地位，倘若「天地君親師」是我們的倫理「位階」的排行，江湖道義有時是超越排行的：江湖好漢可以替天行道、可以入宮謀刺、可以大義滅親、可以拋妻別子……最高的道德位階，常常落在「朋友之義」上，這樣的傳統，其實也不待梁山好漢示範，兩千年前一位做了皇帝的梟雄就說過，「朋友如手足，妻子如衣服」。不過，張家顯然沒把妻子當「衣服」，而好好地供在朋友之上保護著，翁家卻麻煩了，眞正的兄弟手足要保護，可是朋友也「如手足」，此手足與彼手足，其間有矛盾在焉。

執筆的此時，大眾還在等待，不知道面對檢察官的翁大銘會說什麼樣的實話——跟和他撇清的張家依然一致呢？還是大大不同？

可是，更大的麻煩卻在這裏：不管是不是實話，翁家的說詞如果和張家一樣，將永遠無法取信於大眾。這便是約定俗成式的道德的一個兩難了，強烈的道德制約和客觀的眞理有不能相容的死角，歷史上的忠臣、烈婦各各曾經懵懂於更大的是非。這使得我們在知道某人講「江湖道義」時，幾乎就要直覺地判定他不容易說實話。然而，作爲一個法律案件，也正是這些地方，在條文是非之外，讓面對法律的各個面相——文化的、倫理道德的、人性的……一一接受衝擊和檢視。

華隆案有戲，正是因爲這些面相彼此衝擊，提供我們檢視的舞臺。

一九九一、五、五

# 恐怖主義的惡兆

反核分子在十月三日的示威抗議中開車衝撞負責維持秩序的警察，造成警員一死兩重傷十數人輕傷的慘劇。

這是個警號，顯示臺灣的社會運動正在走向恐怖主義。

當然，在司法調查得到結論之前，我們不能斷定這是個預謀事件。那名在遊行中開車撞警的人，也許瘋狂，也許只是羣眾在街頭活動中發酵成暴民的例子。

但是，如果把這個事件和目前「一〇〇行動聯盟」爲了要求廢除刑法一百條而揚言將「反制」國慶閱兵的做法放在一起看，則恐怖主義的惡兆無疑已經顯現。

恐怖主義和其他暴力行動最大的分野，其一在於他們有特定的政治訴求，形成有組織的團體；其二在於他們的策略是聲東而擊西、殺雞以儆猴——想報復甲國時卻去搶劫一架乙國的飛機，爲凸顯一個政治訴求卻去炸銀行、殺無辜；其三，其他的暴力罪行不欲人知，恐怖主義相反，他們的暴力不以暴力爲目的，而是希望曝光，從而既成爲宣傳，更製造威脅。

也因此，恐怖主義雖然使無辜者受害，按理他們應該受到眾口一致的撻伐，然而由於他們有特定訴求，不同立場的人往往對他們的行爲判斷迥異，於此方爲暴徒者於彼方爲英雄。恐怖主義在某一意義下有如戰爭，是非和立場互相混淆，不斷腐蝕我們對人道的信念，瓦解整個社會的安全和秩序。近年來恐怖主義蔚爲國際社會的大問題，便因爲它是一個隨時隨地可能發生的小戰爭，任何個人製造的恐怖事件其實都同時是他所隸屬的組織在對文明社會的信念宣戰，從而他也得到這組織的保護，在欠缺公有警力、司法體系的國際社會，受害者往往束手無策，當保護暴徒的組織是一個國家的時候，連引渡、搜捕狀都無用武之地。美國前聯邦法官索斐爾（Abraham D. Sofaer）便曾出面指摘，說應該是制裁恐怖主義利器的國際法，面對國際恐怖主義反而成了暴徒的保護傘。

其實，在有警察有司法的國內社會，恐怖主義的威脅一樣驚人，這回反核事件受害人直接就是維持秩序的員警，尤足爲警訊。環保固然是一個溫和善意的訴求，但從事這樣的訴求的人如果無能力控制自己的成員，便反而是以自己的組織去爲他們提供保護傘。更不要說暴力行爲有其自我繁衍的特質：每一回恐怖行動得逞，都是對人道的輕蔑和秩序的嘲諷，對於置身於狂熱的羣眾運動的人，這些效應是最有效的興奮劑，使羣眾和恐怖主義形成互爲同質強化的力量。

專研社會衝突和安全理論的學者詹勤斯（Brian Jenkins）嘗分析恐怖主義的特質，歸結於恐怖行動所想造成的心理威脅遠大於實際上的身體傷害——卽使是只對一個人的恐怖行爲，其目的也是在製造對大眾的威脅。

這當然也就難怪恐怖分子必然要藉記者的電子鏡頭來放大他的行爲，其心理殆如立法委員要以打架、掐脖子、拆麥克風來搶鏡頭者然。

如果恐怖主義來了，讓我們自求多福：無辜的人把自己保護得好一點，對激烈的訴求採取審愼的同情（相對的，當然要對理性的批評給予更多的尊重），寶貴的新聞畫面少用來爲他們做文宣……

環保和修憲是何等莊重的題目，如何可以淪爲恐怖行動的藉口！言論結社的自由得來何等不易，如何可以毀於失卻理性的濫用！

一九九一、十、六

# 「臺獨條款」

就兩岸都宣稱中國「只有一個」的現狀來說，國民黨的最大反對黨不是民進黨而是共產黨，民進黨的最大反對黨也不是國民黨而是共產黨。

臺灣島上兩大黨的互爲反對已經有些時日，卻要到這幾天民進黨將臺獨條款納入黨綱，造成海內外疑懼喧騰，我們才不能不承認：這兩黨所以一直互相激怒、你反對我我反對你、打鬧駡恚在所不惜，主要癥結其實出在那個眞正的大黨：面對最終的共產威脅，臺灣的「兩大」各自依著自己的思考路線和行爲模式，想使臺灣不致變成中共的囊中物。

苛政猛於虎，人民用腳投票逃離災難，政黨用政策爲武器抵擋威脅。這不難理解。諷刺的只是，以「兩大」的智慧，加上這樣大目標相一致的努力，卻剛好彼此成爲最大的反對力量，拉鋸之間，使臺灣有如船行怒海，經不得自己人再在船上鬧事顚晃而岌岌欲覆。

就法理來說，民進黨雖有牴觸法規的「分裂國土的主張」，但這個主張是以得到全民支持爲前提，只要全民不支持，主張的本身便不構成威脅。但是，衡盱情勢，國民黨和政府當局面對這個「主張」時，聲討和「嚴辨」的立場卻能得到相當廣泛的支持，原因也無他：面對彼岸那個第一大「反對黨」的威脅，民進黨的臺獨條款怎麼加「但書」都無法使這個條款純粹從法理的角度來裁斷。當猛烈的抨擊和恫嚇不斷從新華社、《人民日報》、「國臺辦」傳來，當對方的經濟封鎖、武力攻擊等威脅得到了實質的藉口，當我們不能不認眞思考臺灣四十年中胼手胝足建立起來的富足能不能這樣拿來當賭注時，我們眼前所面對的，不折不扣是一個政治事件而不僅是一個法律事件，想把它簡化成法律事件，是民進黨和某些島民的自欺。——雖然我們也得承認：不能使法律問題都純粹從法律角度來看待，是執政黨和全體中國人的悲哀。

而一日極權的威脅不能消除，一日這樣的悲哀也就不能消除。執政黨針對臺獨主張提出了強硬聲明：「民進黨不負責任，禍國殃民」。一個「主張」所以還在主張的階段便可能禍國殃民，是由於無數來自彼岸的恫嚇顯示這樣的主張絕不爲他們所容，而又有許多事例證明，彼方對己所不容的事是果然會不計代價動武打壓的，更不要說這個善於恫嚇動粗的政權是一個沒有立法制衡也沒有民意監督的政權，中南海的老人們忽然要作出什麼樣的決定時，沒有人來得及上萬言書——也多半，沒有哪個「萬言書」會眞能產生什麼效用。

我們眞正面對的「政治問題」，因此，是怎麼樣保護自己這個得來不易的、有著相對的自由和富裕的社會。不錯，獨立是爲了自保，可是，以統一爲長期標的更是一種自保，不同的是，後者是投資，是以長遠的估算贏取較有保障的利潤；前者卻更像一種投機，一旦落空便血本無歸。倘若血本無歸的是以兩千萬人的身家福祉所下的賭注，哪一個下注者有權作這樣的投機？

在怒海中航行的船隻經不起自己更多的顚晃了。眼前的考驗是怎樣能夠避過風暴穩定前行。應該有一條航線，可以從政治和法律的模稜地帶切過，適度地凸顯了政治立場而不至於傷害到法律精神；也該有一條航線，能夠帶給彼岸一個明確的訊息：能使此間任何「主張」禍國殃民的，其罪魁正在彼岸。——我讀到報上轉述《人民日報》的評論說，臺獨主張是「置臺灣人民的安危於不顧」時，不覺失笑：想除三害的周處，這回又忘了自己才是那一大害嗎？是誰能眞造成「臺灣人民安危」的威脅呢？

一九九一、十、二十

# 拆解形象的英雄

電視上看到的許阿桂檢察官，沒有一回不是語言遲滯、思路打結的樣子，全然不合一個媒體英雄的形象要求。但阿桂卻意外地在這半年來連番掀起新聞熱潮。這幾天，又因爲被監察院通過彈劾，再度人聲喧騰，處處爲她申寃，年底將面對國代大選的侯選人則紛紛搶搭「阿桂列車」，藉以造勢。

這連番的熱鬧中所上演的，其實是一連串把道德情緒「工具化」的鬧劇，而許阿桂所扮演的，原來竟不是英雄（主角），而是拆解英雄形象的英雄。

專業範圍內的是非對錯其實理未易明，偏偏大眾在未明之際先就都忙著作情緒反應，而這種情緒反應又最容易成爲媒體的焦點，媒體的焦點又是公職候選人、民意代表一類「有心人士」的「最愛」，宜乎默爾做事的阿桂，只因某日輪到當值，承辦了華隆案件，從此便滾雪球一樣滾成了媒體英雄，她自己，恐怕最要爲當中的鬧劇成分而失笑。

使許阿桂成為媒體焦點的第一度喧騰，起於五月間阿桂在承辦華隆案的過程中，因羈押翁有銘而遭到監察、立法兩院的杯葛。大眾並不知道翁有銘能羈押不能羈押，但翁是巨賈，敢押就是英雄；何況阿桂還一再傳訊另一造，貴為交通部長的張建邦，部長是高官，敢傳更是英雄；這樣的英雄形象，被兩個無「形象」可言的「民意」機構——立法和監察院一杯葛，益發凸顯。大眾固然不確定收押是否絕對合理合法，大眾也不理會要問案而不傳當事人如何問法。在這些作為之間，許檢察官可能已經逾法，也可能只是在做她職分內不能不做的事，兩樣都不是什麼英雄勾當。

然而大眾需要英雄，唯有英雄能安慰我們的道德失落的空虛，能在舉世滔滔之中證明再有權勢的人也有人制得住他，能給我們信心：原來自己再懦弱甚至墮落都不打緊，這世界上還有道德英雄，能替我們撐起一片天。

然而阿桂的了不起不在於她證明了自己是這樣的英雄，而在於她勇敢地拆毀了這樣的英雄形象。華隆案的起訴書是個使大眾錯愕的一面倒裁決：做官的張家全無責任，做生意的翁家則負擔了全部的責任。大眾在錯愕中不無失望，然而終究不肯老老實實承認，司法原是專業的事，外圍的情緒反應難免落空，司法更該是獨立的事，外人的關切要謹防變成意見干預。在錯愕中我們整個社會仍不願意放棄一個道德英雄——

這是所以這幾天彈劾案一成立，大眾情緒立刻沸騰的原因：大眾只記得英雄的形象，不記得自己對英雄的錯愕了；大眾也只顧得在情緒中反映對監察院這樣一個「反面英雄」的不滿，顧不得推究進一步的是非了。

彈劾案之出，引發了兩黨情勢的微妙變化，引發了最高當局的「震怒」，引發了往後可能連串出現的大選效應……推究到初始，不過是大眾情緒工具化之後的一連串鬧劇效果。

而觀「劇」之餘，我發覺自己眞開始欣賞阿桂這樣一個英雄了，你看她被記者到處跟著追著，一貫的言語遲遲。有日她滴滴答答從菜場提著一籃剛買的菜要回家，對著追纏的記者求饒：「不行了啦，我的菜都快退冰了啦……。」

在有人不惜斥資鉅億爲了要做媒體英雄的時代，阿桂一再地拆解自己的英雄形象，她不是別的英雄，是破解這個時代的「道德情緒工具化」的英雄——還有誰，能用凍著的一籃尋常魚肉便一語抵銷掉大眾渴望英雄的熱度呢？

一九九一、十一、十七

# 賠償的惡例

納稅人想要管住自己的荷包眞是無比的艱難。

這兩天，不知怎麼，桃園的四個鄉，在揚言要包圍林口臺電電廠的前夕，就忽然得到了八億八千萬臺幣的補償承諾。他們的圍廠理由是臺電害他們的防風林和農作物枯萎歉收。這事還沒有經過公害鑑定，也不知臺電究竟有沒有責任，我們甚至也弄不清八億多的錢哪個單位要出：經濟部說和經濟部無關，只是主計處「同意考慮」的結果，然而這「結果」已經有了省主席連戰的「背書」，錢雖不知是哪個單位出，從納稅人的口袋出則殆無疑問。

納稅人的口袋並且也不是掏出這八億多錢就可以了事。這兩天，一些離林口電廠距離更近然而並沒有什麼防風林也沒有被臺電「公害」到的鄉鎮，一看遠鄰有八億八千萬，便也連袂跑出來追究，說不「比照」他們也要抗爭——抗爭的結果，我猜想免不了又有人要「背書」來掏納稅人的口袋。

對每個月領薪水的升斗小民來說，八億八千萬已經是天文數字，而照這四鄉鄉民的說法，這錢只是該他們的「補助」，不是「賠償」——當然言之成理，公害還沒鑑定，怎麼算賠償呢？賠償要的是兩百三十億臺幣！然而同理我們也就疑惑，公害還沒鑑定，怎麼就「補助」了呢？還是說這「補助」只是用來交換不圍廠的條件，日後還可以就兩百三十億的「賠償」來慢慢計較？

作爲納稅人，我們眞得好好想想八億或兩百三十億代表什麼意義。我們設以一個中級公務員每年繳八萬臺幣的稅來算，八億八千萬就等於有一萬一千個公務員全年辛苦繳納的稅全拿去付了這四鄉的「補助」；而兩百三十億就等於有將近三十萬名公務員繳的稅全部去付了這四鄉的「賠償」。更糟的是，這些錢如果這樣付了，還有源源不斷的「比照」會要來掏納稅人的口袋。這幾年來公害索償的愈演愈烈，可以說就是三年前高雄的「林園事件」索償成功開的惡例。這回的林口電廠事件，政府正應該以公正的鑑定和執法來扭轉林園後遺症，來建立處理公害索償的合理模式，如果又這樣因循了事，自己有錯沒錯都還不知道，就先拿出八億八千萬來安撫，可以預見，納稅人的口袋將成爲無底洞，而社會公理永遠沒有建立的一天。

任何一種勒索都無法以肆應對方的索求來消弭，反而只會助長。美國自雷根政府以來，對付恐怖分子以人質勒索交換條件的對策就是「寧可死人，絕不妥協」。西方人一向最重人命，但即使是人質的家屬，也都含悲配合政府的對策，因爲他們知道，只要接受勒索條件，就等於助長恐怖主義。當然，代價漫長而且痛苦，近十年來，不少無辜的人質死於恐怖分子之手，然而，成果也很可欣慰，這個月底，美國將接回它的最後三個人質，而中東恐怖主義團體也終於公開承認：抓人質已經「沒有用」了，得放棄了。

這樣的例子讓我們知道，對於越演越烈的索償事件，政府應該採取什麼樣的立場：環境應該保護，公害應該儘可能地減少，但不能無原則地以金錢來交換抗爭者的讓步。這兩天，我們也欣然看到環保署長趙少康在這個事件上的堅持，趙署長爲了這樁糾紛變成以「私了」解決，而決定將進行中的鑑定案退還行政院，並要求澄清這八億八千萬「是什麼費用」。

爲了公理和原則，也爲了納稅人的權益，讓我們爲趙署長打氣，希望他堅持下去。

一九九一、十一、二十四

# 赤脚醫生與赤脚律師

中共的十年文革浩劫中，觸目驚心的現象之一就是，沒有經過專業訓練的「赤腳醫生」拎個急救包就到處「治病」，給人處方的處方，止痛的止痛，開刀的開刀。其間草菅的人命，可以想見，對中國的人口控制，應該有過不小的貢獻。

這兩天，還在纏訟中的華隆案忽然冒出新話題：被起訴的翁大銘看上了剛卸任的民進黨主席黃信介，說要請黃做他的律師，黃信介也顯示出半推半就躍躍欲試的樣子。

黃信介什麼時候變成「律師」了？這事追究下去，真勾起大眾慘痛的記憶——原來，當彼岸有「赤腳醫生」的時候，我們也有的是「赤腳律師」，兩岸的血脈，在這種地方特別靈犀相通。民國六十二年以前的法規中，凡任立法委員三年以上，就自然具備了遴任為「簡任推事或檢察官」的資格，而有了這資格，也便可以不經專業訓練也毋須考試，成為「檢覈律師」（「檢覈」者，就是「不必考試」之謂），黃前主席的律師資格便是這麼來的。

六十二年是我們的首屆增補選立委任滿三年的時候，這個「從立委變律師」的方便之門在這時關起來，跟爲了防範此後源源而出的增額立委將不斷搖身變成律師有關。黃信介因此剛好是「吊」了「車尾」的立委律師。至於在他之前，那些資深以及首屆增補進去的立委們，據好事的記者們去探查的結果，經由這樣的管道取得律師資格的，至少有七、八十位，我們也可以推想，經由這個管道「遴任」爲推事、檢察官的，自也不在少數。這些赤腳法官、赤腳律師加起來，剛好解答了一個我們長久的困惑：爲什麼我們今天的司法變成這個樣子！

我們的醫藥體系和司法體系基本上都是舶來品，但卻是最「中學爲體西學爲用」的舶來品。這兩種專業，因爲直接關係了與人最爲切要的生命健康和社會正義，因此在西方的專業訓練中是最品管嚴格一絲不苟的。我們在大開赤腳醫生、赤腳律師的方便之門的時候，充分反映的卻是傳統觀念中的走方就是郎中、老吏都能斷獄的謬見。

我們也許以爲時代總在進步，這樣的謬見應該漸漸淘汰了吧——呃，且慢樂觀！一無法律訓練的黃信介爲了「朋友有困難，一定要幫忙」，已經去向律師公會登記，準備眞披上律師袍登場「辯護」了。我們悲哀地看見，一個一向抨擊體制的缺失不遺餘力的反對黨領袖，在他最應該從自己這個荒謬的「律師資格」看出體制曾有的問題，也應該因此面對這個「資格」棄如敝屣以證明自己的政治原則的時候，卻與高采烈地展示他的資格「證書」，準備撿拾這個體制謬誤的餘緒，做他最後機會的赤腳律師。

「幫助朋友」的法子很多，奉勸黃君找別的法子，因爲這樣「律師」一場，既暴露自己不知尊重法律專業的懵懂，也毀損了反對黨領袖應有的形象。

一九九一、十二、八

# 沉默有時不是金

民進黨立委葉菊蘭指摘新國民黨連線的某幾位立委爲高速公路第十八標工程向交通部「關說」，葉立委沒有提出任何證據，她在民意代表質詢免責權的保護傘下，好好攪了一場局。對記者的質疑，她只說她和國民黨是「於公於私沒完沒了」。

葉立委也許眞是因爲「沒完沒了」的公仇私恨來攪這場局，但攪不攪得起來決定在被攪的國民黨內部是不是「配合」。不幸的是，相關的國民黨官員似乎充分配合。最能夠證明新國民黨連線幾位立委究竟有無關說的關鍵人物是交通部長簡又新，但簡部長不管記者和立委怎麼追問怒罵激將，都三緘其口笑而不答，充分利用了語言之外的曖昧暗示的作用。

亂局愈演愈大之際，葉委員依然「沒有證據」，簡部長依然「笑而不答」。

葉簡兩位大概自小就被教會熟記「沉默是金」的信條，忘了如今身在議事堂上，沉默不是金，負責的言語才是。在議事堂上，沒有證據的攻擊一樣是亂入人罪，笑而不答的回應更等於故布疑陣。亂入人罪縱然有言論免責權的保護，到底是個人的瑕疵，也損及同黨的形象。至於故布疑陣，尤其不成個政務官風範：其一，立委的質詢權爲憲法所明訂，在職責所在而非關國防外交保密的事務上迴避不答，已經形同違憲；其二，對於「關說」這樣的傳聞，如果沒有其事，簡部長出面澄清尚且不一定能還當事人全面的淸白，不予澄清所造成的「默認」印象，其殺傷力可知。而倘若有其事，則明白說出來後，「得罪人」的程度充其量也只跟曖昧「默認」相當罷了，卻光明磊落得多，簡部長捨此不爲，眞正的動機猜疑下去，受傷的也就不僅是被曖昧意指的新國民黨連線立委，而更是簡部長自己，更是同黨的整體形象了。

是的，在紛紛的猜測中，有認爲簡部長所以不說，是爲了保護眞正關說了而沒被點到名的立委，果如此，這是寃殺了竇娥，卻保護了張驢兒之法。也有認爲實際上並無立委介入關說，純因簡部長受某幾位立委杯葛質疑的事項太多，藉此公報私仇，果如此，這成了因風點火，是曹操殺禰衡用的辦法。還有其他不知可信不可信的種種推測，歸結起來，沒有一點對眼前的政風有正面意義，只是助長猜疑，混淆了是非的分際，而其眞正的關鍵，只是在該說話的人不說而已。

人對無關公眾事務的他人是非，不妨沉默；對自己的個人屈直，要沉默還是直言，由他自己決定；但若事關公務，則他可能沒有沉默的權利，若關乎他人的清白，他更應該遵循不應沉默的道德法則。沉默是不是金，因人因時因事而定，對此時此事的簡部長，沉默顯然不是「金」，而是醞釀是非的酵素，簡部長何妨三思！

一九九二、七、十九

# 我看「全宋詩」公案

文學界久無筆仗可打、公案可稽，也頗寂寞。近日一位古典文學學者跟出版社倒正有一樁兩造各執一詞的案子，激起了一點波瀾，事情不怎麼大，相關的問題卻值得思考。學者是黃永武教授。因爲同在文學界，黃教授爲事情生氣煩惱的程度我略有所知，也因此了解了一點事情的始末。

這兩造的麻煩是，黃教授數年之間孜孜矻矻協同同事學生，編他的大部頭「全宋詩」，編纂過程中好不容易有一個出版社願意出版，以買斷的方式付了一百二十萬編輯費。但書還沒出，北京方面也結合了大批學者的人力編纂北京版的「全宋詩」，快步追過了黃教授的慘澹經營；在臺灣的三十五册全宋詩開始排印頭三册的時候，大陸上已經在去年八月推出了五十册裏的前五册。

於是在臺的出版社緊急叫停。不但叫停，而且要追回已付的一百二十萬編輯費。叫停的理由是成本太高，競爭不過大陸版全宋詩；追回編輯費的理由是黃教授有對大陸進度估計錯誤，甚至知情不報之嫌。黃教授則當然叫屈，他起步在先，大陸人力龐大、調度容易，進度豈是他所能預知，編輯費又早已分給工作同仁，酬勞是爲已完成的工作給的，已作的工不能「追回」，酬勞如何能追回？

兩造目前的「進度」似是各不相讓，正在興訟的邊緣上。

這個公案，有外人不能置喙之處，諸如其一造是否知情不報或情報有誤；但也有法律上其理至明之處，就是已簽之約已付之費，如果約定的條件已履行——書已編出——便無可以違約追回之理。

然而屈直暫且不論，這件事情事實上在逼著我們面對兩個關鍵性的文化現象：

其一，像編「全宋詩」或類似的全集、類書、百科等等需要大量人力投入和長時間整合的工作，大陸上的成績一直遠遠超過我們。我們當然也可以說越是極權，人力越容易統合；越是經濟未起飛，學者越能安於研究。但相對地卻也顯示，在人力不易統合、學者也未必安於研究的此時此岸，以少數人力孜孜於編纂大部頭典籍的工作是格外難得。以黃教授的例子來說，簽了約的出版社最後不但違約不出書，而且急於追回編輯費，著眼點當然是在市場和投資的考慮，怎麼樣能使有心埋頭做一些整理典籍工作的人，在市場取向的社會裏仍得到發揮的空間，是我們文化界的一大課題。

其二，當整理的典籍是自己的文化遺產的時候，兩岸的成績事實上直接代表了各自在文化傳承上的比重。我們在外交上的彼進我退有客觀環境的不得不然，文化史跡的認同感也有地理歷史的條件限制，難以爭勝。唯獨典籍的整理刊行，經濟支援可以發揮相當的決定性的作用，爲國際情勢和時空條件所不能左右。「全宋詩」事件提供了一個例子，讓我們警惕到，我們的經濟力如果不能也反映在文化使命感和故籍的整理上，我們和彼岸的文化競爭，難免不會也落到個彼進我退的局面。

一九九二、八、二十三

# 「十四」全的代表

籌備中的國民黨十四全大會醞釀要納入大批民代立委做「當然黨代表」，朝野疑慮之聲四起。執政黨的「大老」層次最受矚目的意見，顯然是明白表示贊成的林洋港院長，和未表示贊成，也被認爲傾向不贊成的前行政院長郝資政。

十四全代表的產生是媒體的焦點。「當然黨代表」之設幾近於是一種人頭「灌水」，既於法無據，牽涉到的權力分配和公平的代表性又是必然要引發爭議的，執政黨秘書長也說擬議之初黨主席「很猶豫」。既是主席猶豫朝野不安之事，竟然就率爾公諸媒體了，而也因此內部再有不同意見就得形成黨爭了，我們讀報小民一路看下來，眞是不能不興起宮闈深不可測之感，不能不想問，究竟決定是怎麼作成的？

是的，這樣攸關大批民代將到手的利益之事，一旦公諸媒體，就是準備生米煮成熟飯了，誰敢在此時表示反對，豈不是存心做民代公敵？豈不是自毀前程？豈不是違逆上意？贊成的林院長果然也就是以這樣的理由來向郝資政做說客，話說得坦白極了：李主席本來表示過有意規畫郝資政為黨的副主席，郝先生如果此時反對以民代為當然黨代表，屆時得不到半數代表支持，「副主席」的安排落空，豈不是有損李主席「誠信」？

這番理由，我猜在眾人心裏已經出現兩極的反應了：一類覺得，話說得多麼圓融啊，眞不愧為林院長，旣曉之以利（不然沒「副主席」做），又動之以情（別陷主席於「不義」），眞可媲美合縱連橫說士於千古了。另一類恐怕是震驚：這是什麼邏輯？而且出於聲望崇隆的林院長之口！他憑什麼假設郝資政會把「做副主席」看得比黨代表產生的合理性還重要？又為什麼黨主席的「誠信」竟然建立在代表們有沒有投票給郝資政上？如果黨主席承諾過提名，他只要果眞提了名，「誠信」就已經完足了，哪個民主時代的元首可以「包辦當選」呢？

我不知道這兩類反應會有什麼樣的比例，不過，我們的時代到底是縱橫之學掩蓋利義之辨的時代，也許總是前者居多吧，至少，有另一則新聞使我很肯定自己的推測：

連月以來，立法院正在審查中央總預算，執政黨立委一再在重大預算表決中失算，不是在場人數不足，就是要付諸表決了而委員們還在交頭接耳不理會「事態嚴重」，其結果是，政府預算固然大筆被反對黨刪去，連痛定思痛之後，開聯席會議時準備翻案，仍因人數不足而再度敗北。執政黨是立院的多數黨，卻在這種攸關政府施政財源的關鍵時刻成為少數黨。

所以形成這樣的現象，原因固然多端，且也非一日之寒，但執政黨和議員之間動輒以利益交換爲受授之道，無疑是一大原因。在野黨的委員如果缺席，是要按他們的「家規」罰錢的，有記者去問執政黨的黨鞭要不要比照，黨鞭說，這樣做不尊重委員，我們要用「鼓勵」的。

「鼓勵」的內容，焉知不就是讓立委們通通免票上車，變成「當然黨代表」？焉知不是放任金權運作或自謀福利自行加薪？這樣的作法，是期望決策得到他們的支持，但最終的結果，卻往往是這些民代不來開會投票時依然無法可施，無黨紀可言。

「鼓勵」慣了，所以我們看到的林院長的說客之詞實在也很像是在「鼓勵」，很合風尙。十四全大會，會不會變成一個爲「鼓勵」而開的會？我們眞不能不有點憂慮。

一九九三、五、十六

# 輯三 哪個制度好？

## 國會篇

# 「百分之五」的考驗

選罷法最後通過了以百分之五爲分配席次的「門檻」，大局底定之後，兩大黨各得所需，使命完成；抗議連連的是兩位自民進黨出走的立委朱高正和林正杰。他們兩位，一位剛組了新黨，另一位，面對這門檻規定而憤然宣布將要籌組新黨。

可是，高門檻的限制正是用來防止小黨（新黨必然是小黨）成氣候的，朱林二君，可以想見，此後前途多艱，奮鬥的日子還長著。

百分之五只是簡單的數字，這簡單的數字背後卻有麻煩的效應，它所考驗的不僅是可能被封殺的朱林小黨，更可能是整個政局的走向：

首先，封殺第三黨就是封殺第三種聲音，以目前執政黨和民進黨的基本政見分歧極大的情況下，第三路線原應有相當看好的前途。成熟的兩黨體系中，兩大黨本來在基本國策上是相當一致的，該競爭的是公共政策，英國如此，美國也是如此。我們眼前的兩大黨在基本國策上是統獨分立的態勢，而這種分立又關係到安危所繫的內部分裂或外力干預。一個在基本國策上不躁進的第三黨，無疑有助於平衡這種對立型的「兩黨政治」，也從而有助於政局的安定。

但是，假如一個起步中的第三黨受限於門檻，得不到足以制衡政局的國會席次，我們也就難期「第三種聲音」發揮應有的作用，遑論有朝一日一個躁進激烈的大黨能被不同的聲音取代了。

其次，新黨出不了頭另還有一個效應：大黨中企圖心強烈的異議分子（當中可能包括理想色彩較高的）今後將不敢輕言脫黨。這固然也是兩黨政治中的常態，但卻絕不是我們這樣政黨制衡才剛起步的社會應有的現象。試想，國民黨近幾年才剛剛走出一言堂的格局，願意面對挑戰，而舊習性十之六七還都保留著；民進黨則更不過剛才得到合法政黨的地位，還是一個外則訴諸暴力，內則排拒異議的政黨，這樣需要異見諍言的「兩大」，一旦受了門檻保護，使諤諤之士只能依附其門牆，自然絕非國家選民之幸。

更何況這個門檻條款正就是這兩個基本國策歧異的兩大黨合作通過的，這說明了「兩大」儘管大處爲敵，當利益一致，可以封殺第三勢力時，倒是可以合作的。當前立法之無正義可言，使人憂心，無正義的立法的連鎖效果，更使人憂心。

如果我們敢於樂觀一點，當然也可以寄望於一些可能的變數來扭轉乾坤：

比如說，選民對於高門檻的不公產生制衡之心，如此也可能使面臨封殺命運的第三黨反而哀兵取勝。

比如說，大原則相一致的小黨自行統合，結合成足以跨越門檻的勢力，進而可以和目前實力仍然有限的第二黨一爭長短。

比如說，第一大黨產生了自覺，知道封殺第三種聲音將使自己永遠要面對激烈的第二勢力，因而留出較大的空間容納第三黨競爭。二次大戰後，英國便是保守、自由、勞工三黨並立的局面，而在自由黨勢微的情勢下，保守黨就曾基於政治考慮讓渡席次給它。

百分之五的考驗，因此是多面的，選民、小黨和大黨在其間都大有可深思的餘地。

一九九一、七、二十一

# 兩院的角色反諷

同一天的新聞裏看到監察立法兩院都各有一樁跟自己權益相關的提議。權益的性質雖然不同，二者卻都深具反諷的趣味，值得提出來「全民共鑑」。

首先是有監察委員提議把調查局的「廉政處」劃歸監察院，因為以該處「完備的組織架構及人力物力，必能使監察院的調查功能更容易發揮」。提案的委員並且說此議已經得到調查局長吳東明的同意。

有了調查局原有的「組織和人力物力」，加上監察院一向頤指氣使的「威風」，可以想見，發揮出來的「調查功能」一定如虎添翼。不妙的只是，在大眾的認知當中，監察院正是本身最無「廉政」形象的機構。由於監察委員是地方民意代表投票選出的，票源固定，當選票數也一目了然，每回的監委選舉，計價買票之說比其他任何一種民代選舉都更囂塵上，而選舉結果也往往是金牛充斥的局面。當選後的監委們或濫施彈劾，或遂行利益勒索，或擴張私人產業的新聞更時時來干擾我們的視聽。這樣的機構，忽然想替我們管「廉政」，我們，說實話，不能不提心吊膽！

調查局的人員說，如果吳局長「同意」將廉政處設在監察院之下，大概只是「客氣話」，他們指出，這樣做牽涉到業務的統合，「從任何角度看都不行」。

我覺得調查局這些人員說的也是「客氣話」。本來，監察院管的是風紀，把「廉政」劃給他們於理並無不合，眞正「不行」的，是監察院自己的「廉政」招牌黯淡無光，收編了「廉政處」，只有更昭昭然彰顯自己的短處，成爲刺眼的反諷！

另一樁新聞是立法委員要求「比照政務官」拿退職金，理由是，其一，「政務官重要，難道立法委員不重要嗎？」其二，「立法委員退了就什麼都沒有，怎麼過日子！」

在我看，政務官重要，農夫也很重要，教師也很重要，公車司機也很重要，照這位立委的「比照」法，全民都應該拿「政務官」的退職金。而最不倫的是，立委是民意代表，平時開會他們倒沒忘記自己的角色是「罵政務官」，不知爲什麼，在拿退職金這件事上，他們忽然把自己定位在官僚體系當中，「相等」於政務官了，這樣的角色錯亂，是這個提議的反諷之一。

什麼叫做「立法委員退了」，是另一個可笑的問題。立法委員沒有任職年限的規定，他只要得到選票，就可以一任任做下去；他如果沒做下去，只有兩種可能，一是他不參選了，一是他落選了，前者是他拒絕「爲人民服務」了，後者則是人民拒絕了他的服務，兩樣都不是「退了」，都沒有理由要人民拿納稅錢去安撫他。立法委員若以爲自己如果沒有繼續在立法院出現就是「退了」，並且是像政務官的「退」法，這當中，又是另一層角色錯亂。

我們的最高民意代表們，不管是監察院的還是立法院的，這樣容易混淆自己的角色，懵懂於自己的形象，這又是我們的民主的最大反諷了。

一九九一、十二、一

# 監察院還要獨立存在嗎？

隨著修憲工程即將展開，我們憲法裏的監察權還要不要繼續「分立」，監察委員又如何產生，都再度成爲大家關切的問題。

中山先生當年看到西洋的三權制衡行之有效，想要援用，又想到我們古來還有監察、考試兩制，也蔚爲特色，於是融合中西，自創了這五權分立之法。五權之制既順應了世界潮流，也安撫了想「中學爲體」的華夏自尊，看來是兩全其美。但是，美意是不是等於良法，卻是有待從實踐中驗證的事，而驗證的結果，恐怕是越來越有得爭執了。

古來監察權能發揮的效力，是在皇帝不夠壞的時候，靠柏臺大人們的膽識，把他變得好一點。但同樣的事，其他非柏臺的官員也是在做的。至於當其他官員做不到的時候，大約柏臺一樣無用；朝政大壞時，柏臺甚至可能因爲「言責」在身，胡亂發言，更加壞事。

換句話說，我們的監察權，自古就沒有因爲制度的存在而保障了它的獨立，發揮了必然的功效的，其極端者，「制度」甚至使它成爲禍害。我們讀明史，看到閹宦魏忠賢輩當道之際，四方荼毒，而「（魏）忠賢所過，士大夫遮道拜伏」，臺諫事實上成爲其鷹犬。明史〈熊廷弼傳〉記載當邊境岌岌不保之際，遼境得倖存，要歸功於熊將軍，可是當時的柏臺如何呢？御史大夫劾熊廷弼「無謀者八、欺君者三，不罷，遼必不保」，熊氏一再因言官進言而被罷，等到事急又再起用，起用後熊氏調度又遭干擾，終至孤臣無力可回天，最後熊廷弼保護遺民入關，竟被逮就戮，「傳首九邊，遠近嗟憤」。然而熊氏不是獨特的例子，我們回看歷史，許多忠臣義士受戮蒙寃，背後都有「言官」的影子。

御史臺——監察院不必然發揮其效能於往昔已見於史書，不必然發揮其效能於今日又爲我們所共見。監察院，到底有多少獨立存在的必要呢？

在這幾日的有關討論中，我們看到想保護監察院的人，說監察權不可廢，說只要改變監察委員的選舉辦法就好了，然而又連好一點的選舉辦法也想不出來——全民投票怕勞師動眾；由總統遴派怕五院不平等，且無法「監察」最高決策者；用政黨比例代表制怕變成政黨「御用」……麻煩極了，不是嗎？而所有這些麻煩只因爲我們硬分出了監察院來罷了。

首先，沒有監察院並不等於「廢了」監察權，我們看在三權分立的國家，以舉世奉爲民主圭臬的英國和美國來說，英國的監察權在國會的下院，下院可以受理請願、進行調查，以監督政府官員，至於彈劾權，因爲十九世紀初以來英國責任政府制確立，已形成事實上的不必要。我們的中央體制較近於美國，而美國的監察權在參院，參院可以對上自總統的聯邦官員進行彈劾，其調查審理過程等同於一個準司法程序，正是我們的監察院想達到而愧於不能的理想。國人所熟悉的水門事件和尼加拉瓜軍售案，都是參院行使調查權的明顯案例。

我們所能期之於監察院的，就是美國的立法院——國會——所做到的，而既不必擔心多動用一次民選，也不必擔心總統遴派傷了柏臺地位，甚至不必擔心柏臺淪爲政黨御用，我們如果老老實實廢了監察院而使監察權有正軌可循，有何不好呢？

一九九一、十二、二十九

# 「有酬」就是「無給」？

新當選的國大代表，效率高到使人吃驚，兩星期前他們還在街頭聲嘶力竭地「拜票」，元月初一，他們才拿到當選證書，而同一天，「修憲」工作已經間不容髮地展開——他們修的第一樁「憲」，是把大法官所作的「國代不經常集會，非應由國庫定期支給歲費、公費之職務」（亦即一般所稱的「國代為無給職」）的釋憲內容變成國代可按月支領「酬勞」。

在輿論譁然之際，國大秘書長朱士烈等一干人出面鄭重澄清，說國代絕不會「不守法」，違背大法官的解釋，而只是研擬給予不同項目的月費，使國大代表們能比照其他民代支領酬勞。我們方在目眩神迷於據說不違法的「月費酬勞」和違法的「定期支給」之間究竟有什麼分別，已經愼重地「被告知」，即使國代們明明「由國庫支給歲費、公費」如大法官曰不可者然，也依然「很尊重大法官的憲法解釋」。

在這個事例上，如果國民大會還沒有證明他們的別的能力，至少已經證明了他們多麼善用語意的模稜。他們實質上已經在對原有的憲法解釋條文作修正，也等於公然賦予了自己高於大法官的釋憲權，卻依然「合法」，「尊重大法官」，而且「無給」。我們的中文文字能够作這樣微妙的扭曲，值得所有的文字工作者屏息致敬。

有人擔心這不過是新科國代的第一樁政治勒索。也有報導指出，這是執政黨高層的修憲主導「小組」的決定。由於新科國代們才剛剛從四面八方來報到集合，想來一時間還統合不出這麼大的聲勢，所謂的「會外小組」的議決和授意因此遠爲可能。果如此，我們也就不能不擔心，這以民脂民膏爲酬庸來換取議事走向的作法，究竟有沒有改善的一天呢？我們的萬年國會是酬庸式的交換所造成的，當年國代的從無給變有給也是酬庸式的交換所造成的，而爲了這些酬庸所造成的包袱，納稅人又付出了鉅額的資深民代退職金，才總算讓老國代老立委老監委願意走出國會。我們以爲「老賊」既退，新國會應有新氣象，然而這元旦起始第一天就搬上檯面的「新酬庸」卻夾帶了所有老國會的陰影，暗示了重新打造的包袱已經上肩。我們的國會，這樣利益掛鈎地循環下去，眞有「改造」的一天嗎？

在這幾天有給無給的討論中，執政黨籍的新國代成員中，只有極少數，曾指出國代爲自己爭取薪給會破壞形象。最大的反對聲音來自民進黨，民進黨的秘書長張俊宏已經表示該黨國代將拒絕領薪。繼不久前在立法院聲言將放棄肢體抗爭，強調理性議事之後，這是民進黨又一樁新人耳目的作法。我們一方面期待反對黨正逐步把自己提昇爲一個更健全的制衡力量，一方面卻不免也想問：執政黨難道願意把「道德黨」的頭銜拱手讓人嗎？

這樁支薪事件正在考驗我們的「修憲」國代們，究竟是以憲法爲重還是以利益爲重。如果他們對大法官的釋憲可以基於私利而隨意再解釋，交到他們手中的修憲品質必然是十分堪憂了。

一九九二、一、五

**後記**：國代支薪成為定案後，不管是反對黨代表還是曾經表示不應支薪的，也都照領不誤了。

# 監察院的一場戲

從執政黨原來決定的監察院暫不補選副院長，到半日之間全體監察委員簽名連署要求補選，其間監察院院會上演出了一場雖不精彩，卻頗「好看」的戲：先是委員間有所謂擁林（榮三）和反林陣營攻防拉鋸，擁林大將四座奔走，拿著連署單要求簽署，有人沉吟多時勉強簽了，有人狀甚乾脆立時拒絕，隨後有接棒者搶得灘頭堡，硬跑到主席臺上要到院長的連署，於是接著數城連下，大局底定。

而本來，連署要求補選副院長，究其實，要求的就是「補選」罷了，補選上的會是誰，得選後方知，但是，我們看到連署一完成，院長宣布將依法在下月舉行投票改選副院長，這位關鍵所在的林榮三委員已經抱拳作「謝票」狀了。因爲整個布局情勢是這麼「明朗」，我們看戲「演」到這裏，便也不覺奇怪，也沒想到問，副院長出缺，補選也是當然之事，某委員熱心促成如此，事成還要謝全場，所爲何來？

可是這林委員還說，副院長一職他「不會主動爭取」，會「尊重黨中央決定」——這話眞正的意思比較像是黨會「尊重」他的「決定」吧！已經「打得八百座軍州都姓趙」的匡胤先生，還不清楚黃袍加身是眾人唯一可作的「選擇」嗎？

這場戲，然而，好看而不精彩。精彩的戲給我們藝術的愉悅或道德的洗滌，「好看」的「演出」，充其量，只是讓我們看清楚劇本裏的曲折，而當這些曲折正是現實陰暗的一部分，我們自然是憂心遠多於愉悅，得到的不是洗滌而是更多撲面而來的塵垢。

我們的老國會雖因「萬年」而弊病百出，但三個國會機構中都還有本身學問道德受社會敬重的成員，其中監察院尤其因爲繼承了傳統的柏臺意義，社會期許更高，而監院大老也有如陶百川等委員，頗能以個人風骨來回應社會的期望。可是，如果老國會因爲長年不改選造成體制破壞、成員退化；新國會卻是以不同的方式在退化。有人算算二十年前第一屆增額選出的立監委，發現其中素質較高的，今天幾乎都已不在院中。換句話說，我們三屆以來的增額國會成員不斷地在以劣幣逐良幣，有錢的擠走有形象的、長袖善舞的取代踏實議事的……此所以這回立委正副院長的當選人都是學經歷平平、無個人形象可言之人，他們的當選純因留任較久，打通了上下人脈。更不要說其間更還有賄選買票之說，陰影重重。

而眼前的監察院副院長的改選，則更幾乎是立院版的變本加厲。此次主導全局的林榮三自稱是「財產多得算不清」的，他先在一年前已經「勸退」了執政黨所屬意提名的另一委員，其餘的部署運作更不在話下，最後而有這接力跑場，完成全院連署「要求補選」的壯舉。這麼雄心勃勃想要領袖柏臺的今之「御史」，我們翻遍報導，卻除了從金權中建立起來的勢力和人脈，找不到他的政績，當然也看不出他有符合御史形象的紀錄或能力。林委員說他的心願是最後能當上院長，光宗耀祖，「讓歷史記一筆」。我們知道的卻是，今日的輿論就是明日的歷史，輿論公器顯然無意成全林委員靠金權運作而成的「歷史」。

至於掌握提名的最後權力的執政黨，是否會又一次因循敷衍，犧牲黨的形象來對抗輿論，爲林委員「光宗耀祖」的未來歷史擡轎呢？讓我們密切注意吧。

一九九二、一、二十六

**後記**：林氏最後在國民黨不主動提名的「候選」情況下，成為監察院副院長。

# 再論監察院存廢

這兩月來談了幾回監察院的現狀和存廢，心情上但覺疲憊不堪——是的，還有什麼比看著周遭不斷赤裸裸地演出爭權奪利的戲碼更教人疲憊呢？尤其這些事情又都不是等閒，都直接牽涉到修憲的百年大業。

從監院連署要求補選副院長而背後明顯地想保送某金牛委員上壘，到修憲小組擬議日後監委改由總統遴選、國民大會同意，到這兩日執政黨省市議員跑出來疾呼監委選舉應維持現狀，「不可剝奪本屆議員選舉監委的權益」，否則年底的立委選舉他們要「讓中央黨部掉眼淚」……我們一方面目不暇給，一方面卻也不難得到一個明白的結論：監察院已經成了我們體制中的惡瘤，此時不割除，必然是後患無窮。

要根本解決監察院的問題，因此頂好就是廢院，把監察權按照三權分立的原則交給國會，讓國會同時具備調查彈劾之權，如英美體制者然。其次，如果我們對自己的選票不信任，覺得大家選出來的國會議員只有「代表性」沒有「監察素質」（至於爲什麼沒素質的議員卻有「代表性」，這眞得好好問問我們自己），那麼可以在國會大選的同時，以比例代表制由各黨推舉不分區代表，按大選中各黨的得票比例構成監察成員。

廢院的好處很明顯，第一當然是可以改善目前監察委員因爲憑了省市議員投的五票七票就可以當選，於是金牛購票入院，素質江河日下的現象。第二，不必爲監察院又增加一次全國直選（我們的各級民意代表選舉每辦理一次動輒勞民傷財，付出巨大社會成本。而馬上省主席、北高兩市市長都要開放民選，連總統直選之聲都日囂塵上，如果再加上監委直選，則臺灣將無時不在大選，整個社會想不被選舉拖垮也難）。第三，可以避免監委由總統遴選所造成的體制困境。監委若由總統提名、國大同意，等於變相地使總統豁免於監察彈劾範圍之外，也變相地擴張了總統職權。我們的總統既不必對國會負責，卻在修憲條目下權力日張，絕非民主正途，也是以「英明」自期的元首所應當力求避免的人治歧途。

倘若不廢院而以比例代表制產生監院成員，雖然會使政黨的色彩加重，但以我們目前的社會現狀來說，政黨對成員的規範力已日益降低，而輿論糾彈政黨運作的能力畢竟比追究私相授受的金權交易要來得大些，換言之，比例代表制產生的監委仍比現行辦法容易受大眾監督，更不要說各黨推薦的代表是以其個人形象和黨的號召力來爭取認同，不必參選，容易提高素質，也使賄選無從發生。

當省議員們說不讓他們選監察委員就是剝奪他們的「權益」時，眞是坦白得可嗤，大眾也都心領神會，知道他們的「權益」是什麼；至於他們說否則他們要讓中央黨部掉眼淚、要罷免監委、要拒審下年的省府總預算，則又赤裸得可恥，其概略如搶賭場不成的人揚言要燒總統府一樣。

可是，這些事會發生，也都其來有自。惡瘤不是一天長的，該割的時候不割，最後便不止是那一個黨的中央黨部「掉眼淚」那麼簡單的事了。

一九九二、二、十六

# 三談監察院存廢

去年年底在專欄中談監察院應廢的時候，選舉副院長的風波還沒有開始，監院的金權惡質還沒有充分曝光，當然，省市議員的一連串更惡劣的「護權」以便保其「前金後謝」利益的乖謬行動也還沒登場……熟朋友中有人婉言跟我談起「廢院」是不是激烈了一點，言下當然是好意暗示我可以更「明哲保身」一些。

而短短兩個月之間，監院以一場難看的副院長補選，摧毀了自己僅餘的一點形象，暴露了金權惡質化的嚴重和「院中無人」的眞象；接續而起的省市議會對改變監委選舉辦法的反彈，則更說明了監院的問題不僅僅是監察權癱瘓一端而已，制度的缺陷和黨政運作的積弊，已經使它成爲從中央到地方的連鎖惡瘤。

對監察院是不是該廢，初初還謹愼存疑的朋友，在兩個月間完全改變了看法——不是我說服了他們，是監察院和省市議會以行動「說服」了他們。——事實果然永遠勝過雄辯。沒有任何雄辯能比監察院自己的墮落更有力地證明它的應廢，也沒有任何雄辯能比省市議會的乖謬反彈，更有力地說明不廢監院帶來的是什麼樣的連鎖墮落。

而在輿論的一片撻伐聲中，我們的修憲單位還在努力地保護「監察權」，不，不是保護監察權，是保護監察院，因為監察權本來就無需靠監察院才能行使。揆諸事實，反倒是監察權的未嘗眞正發揮過才更證明了監察院的多餘。

可是，在明知任何一種監委選舉辦法都有後遺症，都問題重重之餘，我們的修憲決策當局仍在說，監察院不可廢，只要修改制度，不應「因噎廢食」。

這可碰到一個有趣的問題了。為什麼不要監察院竟是「因噎廢食」呢？如果是因噎廢食，是不是該先看看廢的是什麼樣的「食」？一個人，如果喝了酒就皮膚過敏，因此決定不喝酒，這合理不過。一個人，如果因為吃魚老噎到，因此決定不吃魚，這也合理不過。至於說如果有個東西，它的好味道從來沒入過口，卻只是噎人，這樣東西自然更只當廢之不食，豈有還硬是要吃之理？眼前這好味道我們從沒嚐過的監察權（「食」），卻不斷出現監察院的金權橫行、糾彈濫施……（還不够「噎」麼？）這種食，不廢而以為可以修改「制度」來吃到肚裏，那大概就是從食道開一個口，從胃壁挖一個洞接出條管子來「硬吃」的法子了。

不幸的是，世上早有良醫，說監察權這道菜，可以用絕對有益健康的方法吃到，既不噎著，也不在食道開孔，也不在胃壁接管。美國的參院也實行得好好的，英國的下院也實行得好好的，世界上上軌道的民主國家，沒有一個把調查彈劾之權獨立在主導立法的國會之外，而中山先生想像中的監察權獨立的好處，從來也沒有實現過。我們這樣「硬吃」，噎著實在只是必然的結果，再用傷殘肢體的法子來吃，也無非挖肉補瘡罷了。

兩千年前的呂不韋先生說的因噎而「欲禁天下之食」的事，古今中外大概從來沒有眞正發生過。要拿來引喻，也跟監察院存廢之議是完全兩回事。許多成語，發揮的只是語言的弔詭，從琅琅上口中產生「有理」的假相。「因噎廢食」之有理無理，得從它比喻的對象來決定。對監察院該不該廢這樣的大事，我們只該老實地面對，無法在語言上作方便的附會。

一九九二、三、一

**後記**：監察院隨後更改甄選辦法，廢除由地方會議票選之舊制，改由總統提名，國民大會行使同意權。監察院的性質亦從國會一變而為準司法機關。

# 哪個制度好？

行政院郝院長在立院答詢時坦率地表示，「我們不是總統制，將來也不應該是總統制。」這個立場，第二天就得到司法院林洋港院長的「百分之百贊同」。教人無法明白的是，郝院長是贊成「委任」選總統的，林院長是贊成「直接」選總統的，這兩個辦法都可能導致「總統制」，卻不大可能兩者都達到「非總統制」——一個全民直選出來的總統幾乎一定會使國家變成總統制國家，我們如果喜歡直選，我看不出有什麼辦法可以逃避「總統制」的結果。阿港伯要直選而不要總統制，錦囊中有什麼妙計可以解這個難題嗎？

我並不反對全民直選，但不是因爲我信任我們的選民素質，而是因爲我對委任選舉更加不信任。任何一種間接選舉（包括現在的國代選總統制和爭議中的「委任直選」制）都無法避免金權介入，無法避免某種形式的賄選，監察院是我們三「國會」中唯一間接選舉產生的，它今天的素質已經給了我們活生生的例子。

可是，一旦全民直選，我們就得老實面對總統權力膨脹的問題。法國總統曾經是全民直選的。拿破崙一世和拿破崙三世都曾經由全民選出來做「總統」，不久（眞是「不久」），拿破崙一世是當選的兩年後，一八〇四；三世是當選的四年後，一八四八）便都再度要求全民投票，改稱「皇帝」。這是所以後來法國第三共和將直接選舉改爲議會間接選舉的原因，而當然，法國也就變成了虛位總統的內閣制，不是總統制了。全民選出來的總統當然未必都會自我膨脹成皇帝，但要他安於做一個內閣制下的總統卻絕少有可能，體制本身也形成矛盾。我們這樣一個選舉文化中充滿了金權惡質的社會，如何避免委任選舉的金權陷阱？我們這樣一個朝野意識中都還充滿著皇帝影子的文化，又如何避免全民推出總統後看著他走向專斷強人之路而束手無策的困局？

賄選、買票或打通關節、布椿一類的方便，是造成政治墮落的第一個「充分條件」，也因此使人對容易造成這種方便的委任選舉法「充分」疑慮。直選出來的總統，以我們目前這套四不像的制衡體系，又絕無法防堵專斷之路，也同樣教人憂慮。而當郝、林二位院長同聲說「不該是總統制」的時候，沒說出來的部分應該是對內閣制的認可，可是，迄今我們只聽到有眾多聲音說我們的憲法「近於」內閣制，卻沒有一個聲音明白說清楚，我們要怎麼樣可以變成「眞正」的內閣制。內閣制的基本精神就是立法權和行政權緊密結合。內閣的閣揆和閣員本身同時是國會議員，我們的行政院長和部會首長並不具備議員身分，行政院長又是總統任命，這制度和「內閣制」的「近」實在是一個距離很遠的「近」。

如果我們要內閣制，先就不能鼓吹直選，因爲總統一直選，內閣制就萬無希望了。而我們的專家們，也請好好替我們設計出一個眞正的內閣制來，不要把一個有責無權的行政院長在立法院替總統擋風擋雨的制度，叫做「內閣制」。

如果我們要總統制，就得準備好一個立法權完整的國會，不能像現在一樣把立法權分散在立法、監察、國大三個單位，弄得疊屋架床，職能分散，體制乖謬，而且還消耗公帑，對總統權卻一無有效的制衡。而就執政黨來說，眼前既然努力要促成公民直選，便得體認到這千秋功過在一身的嚴重性，爲安天下之心，也爲體制的健全，請明訂總統不得兼任黨主席，防堵集權專斷的便利。有了完整的立法制衡，而排除了藉黨機器運作的威力，我們才能放心地將總統制的大權交給一個全民投票選出的總統。

內閣制好還是總統制好？兩樣都可以好可以不好，關鍵在怎麼樣做才可以達到一個較好的內閣制或較好的總統制罷了。

一九九二、三、十五

# 給國代準備點助學金

已經由大法官釋憲認定爲「無給」的國大代表想要變成「有酬」，案子至今懸而未決。這些日子來，國代們每天到中山樓花偌大力氣打鬧、摔麥克風；在會場席不暇煖，施政報告也顧不得聽，滿場拉人連署提案；打鬧和提案背後則是呼之欲出的揣摩、奉迎、敲邊鼓、做打手……種種苦心匠意。這樣辛苦勤勞的一羣人，至今沒領到一毛錢，這世界還有公理嗎？我這樣每個月總還拿到一疊薄薪的人，恨不得從自己的薪水袋裏分出一點來犒酬他們，好表示一下這個世界的溫情和自己由衷的同情。

像我這樣富有同情心的人，所以竟遲遲還沒節衣縮食捐出一點所得給這些辛勞的國代，實在是因爲老有一些轟隆的雷聲在那兒作響，一會兒說是已經訂出辦法，國代每月可以領三十四萬元，一會兒又說不是三十四萬，只是微薄的十五萬，一會兒又說還有若干項目仍待計算加入……我看看他們以最「微薄」的尺度來計薪，都把我的薪水袋對照得無顏無色，想奉獻的手自然就猶豫羞澀起來。等我那遲鈍的思路回到二十年前一堂一堂修過的「憲法學」、「西洋憲政史」等等的課，想起老師們諄諄強調的憲法的神聖不可逾越、釋憲權對憲法精神的捍衛等等，我的羞澀的手雖飛快地藏到口袋裏，空中仍傳來老師凌厲的聲音：把一羣不知憲法是什麼的人選去修憲，你們這一代已經夠教我失望了，你的手還想幹什麼？掏薪水袋？你當年憲法修了幾分？不及格嗎？

「學理」眞是好東西，使我不但不必掏錢奉捐，而且還心安理得，不必跟自己的同情心掙扎。可是，不說同情心吧，別的「心」也還是在刺刺不休。我是個教書的人，一向最高興的事就是看到學生從不通變通，從不懂變懂。有時太高興了，不免要出去替那些通了懂了的學生找助學金、獎學金一類的財源。如今看到這羣國代，當中「不通」、「不懂」的比例那麼高，有如「牛頭班」一般，好爲人師之心不免大動。

這羣國代裏，有把總統直選叫做「世界潮流」的，有要求「質詢」行政院長而不知其爲違憲的，有爲了搶發言而什麼案子都當「權宜」問題、「申訴動議」來提的，還有出現了散會動議時，主席竟不知散會動議必須優先處理，而裁定「不可提」，因爲「散會時間未到」的……我想到國代們要學的東西還有那麼多，就不免悲從中來；但再想到他們的起步是那麼初級，因此進步的可能眞是無限廣大，從「不通」變「通」的指望似乎無論如何該是有的，這又不免教人喜從中來了。

所以，我發現自己又在動我的薄薄的薪水袋的腦筋。也許我們還是該準備一點助學金一類的種子錢待用，他們弄懂議事規則時可以發一些，知道憲法是什麼的時候可以再發一些，等弄清楚了總統直選不止是一個獨立的投票辦法，而有背後無數連帶體制問題的時候，得多發一點。

教書的人，想的總是學生該有進步這樣的事。

一九九二、四、十二

# 國會打架的「意義」

國會打架當然早已不是新聞。不過像這回頭破血流到這般田地，卻又是一個新的里程碑。

我們的中央民意代表們，有些方面似乎還是一直在進步的，比如說，動武的激烈程度一直有進境，而動武的藉口也永遠不虞枯乏。當「國會結構不合理」、「老代表未退」等一類理由消失了，新理由隨即會被創造出來，好的打架動機似乎永遠在自動浮現。

打架的事，是打者愛打、看者愛看。街頭動武、警匪槍戰時，有人拚著被飛拳誤傷、流彈波及的危險，都非要湊近去觀戰。拳腳相向的事，大概是有它發揮情緒和娛樂耳目的功用，一如一場舞臺演出者然。在境界上打架誠然不怎麼入流，在本質上它卻可能像兩千多年前亞里斯多德講悲劇功能時說的一樣，大大有助於我們體察「哀憐恐懼的情緒。」

問題只在於，觀賞一場好的悲劇，我們「哀憐恐懼」之餘，心靈得到了滌淨——亞里斯多德的這個理論，兩千多年來不斷引發討論而並沒有人能加以推翻；但是，目睹一場場的國會頭破血流場面，我們雖然也哀憐恐懼，卻大約沒有一個人感受到什麼「滌淨」，而只是始則駭然而笑，繼則惶惶不安。

惶惶不安，因爲不知道這回打破頭，下回會不會是斷肢缺胳膊，再下回是不是陳新發三人組式的一堆焦屍——中央民意代表好歹是我們選出來修憲立法的人，我們雖然得到耳目之娛，到底也不願意他們在賣力演出之餘，弄成「一堆焦屍」的場面。但是，我們如果拿國會打架史的軌跡略作推衍，便會覺得這樣的「遠景」並非全無可能，尤其，人事充滿弔詭，看戲的人被垮下來的戲場砸死的事也是有過的，玉石俱焚這樣的事可以以無數變貌出現，包括一個體制的崩頹、一個價值標竿的消失、一個行爲準則的全面扭轉，種種等等。

惶惶然之餘，我在碰到幾位研究戲劇的朋友時，便怪他們，說都是他們失職，沒好好演一些能感動我們、滌淨我們的戲，弄得整個社會要靠中央民代做業餘演員，混打一場——而且薪水那麼貴，一個月說不定要我們付他們每人三十四萬。

朋友中有一位說，有有有，《竇娥冤》也演過了，《王子復仇記》也演過了，現在就要演《推銷員之死》了，你看看，古今中外的悲劇都有了，他們還要打，我有什麼辦法！

另一位說，哎哎，你們有所不知，亞里斯多德時代的雅典就是一個民主城邦，什麼事都是全民參與的。但是，你以爲他們的民主是偶然的嗎？才不是！他們所以能公民投票，全民直選，是因爲好的戲也是全民一起看，一起體會哀憐恐懼，一起得到心靈的滌淨——你去看看希臘古劇場的遺跡，放得下全雅典的人！我們人口中進過國家劇院的大概只有千分之一，感情教育這麼欠缺，共同的認知背景這麼空白，卻拚命想全民直選，我看，民意代表自己下海填補我們的戲劇教育的空檔，也是不得已的啦！

我的戲劇學家朋友的話並沒有讓我放寬多少心，不過，卻多少說明了，議會打架這種事，跟我們整個社會心靈的某種欠缺恐怕是息息相關的，當我們有了境界高一點的演出來安頓心靈，而對打架這樣的「演出」失去興趣的時候，議員們大約就會用別的入流一點的方式來解決問題了。

一九九二、四、十九

# 惡姻緣與惡法

好像是托爾斯泰的名言：幸福的婚姻只有一種，不幸的婚姻則各有各的不幸。法律大約也一樣，好的法規制度只有一個好法，惡法劣法則各有各的惡劣。

惡法要成其惡，也有各自的成因先導，一如不幸的婚姻然。而這些成因，可能離奇突兀。所謂民主、所謂選賢，換一個說法，也便是避免讓會造成離奇突兀後果的人選來替我們問政罷了。

這兩日立法院一陣胡攪，把果菜承銷人的營業稅從百分之一降成千分之一，且還能「溯及既往」，從七十五年起算。立法之荒誕很難過此了，而這樣荒誕的立法，背後也正不免離奇的因緣。事情發生後，執政黨力圖挽救，追索根由，發現這個案子，本來已由黨政協商打消，不料這時場外來了一個不知協商就裏的「急智歌王」立委，發揮其「急智」，嚷嚷修法，結果事情急轉直下，鬧成了這樣一場立法笑話。

這場笑話，惡果之一是開了前所未有的租稅法追溯既往的惡例；之二是使稅則之不合理者更形不合理。其他行業的營業稅要百分之五，果菜經銷商卻只要百分之一，本來就不見其平，而這百分之一經過七年抗稅，不但會吵就贏，而且一贏就從百分之一降到千分之一，幅度之大固極荒謬，對廣大的繳百分之五營業稅的商家更無以交代；之三是又一次造成對守法者的懲罰；百分之一的果菜營業稅是民國七十五年訂的，七年來有七、八十人已依法繳稅，一千四百人始終抗繳，抗繳者並且造成壓力，使有心守法者不敢「擅繳」。如今抗稅的人得勝，法律等於明白地在告訴大眾，抗稅的人有福了，繳稅的人都是傻子。

這場立法笑話，在輿論譁然、眾口交責之下，第二天以協商撤回修法決議，勉強得到一個並不十分合理的解決。

所好的是，任何一個惡法，如果它的立法過程有機會曝光，便成為對大眾最好的法治教育和民主課程。它讓我們看清一個惡法可能牽涉多少因由。立法者笨一點、迷糊一點固然訂不出良法，即使是法案推出的時機不同，也得出迥異的結果；更不要說議事者有欠著選債要還的，有存心跟行政當局作對的，有利益攸關全力護航或全力杯葛的，也有為了搶媒體的注意不擇手段不擇言語的……更還有不知就裏，「急智」之下臨門一腳踢成一個惡法的。不幸的婚姻往往由種種微妙或不妙的因素莫名其妙地堆疊而成，惡法的成因其實相類，此其所以二者各有各的不幸和惡劣。

老輩人給熱戀中的男女的教誨，總是「眼睛要睜大一點」。然而情之所鍾，正是教人耳目遲鈍，眼中只看見西施。出了差錯，旁人也只能同情，無技可施。至於那些行事荒誕，動不動修成惡法的人，貽禍則不僅在區區婚姻的兩造，而是投票大眾的全體，然而投票的大眾也有的是「眼睛睜大一點」的餘裕，拒絕惡法比躲過惡姻緣似乎對當事人是容易得多的事。選季在卽，果菜商營業稅事件給了我們及時的警惕。

一九九二、十一、一

# 監察院的「新秀」

監察委員的提名名單出爐，比前幾屆由地方議會投票出來的人選大體上雖是好些，跟傳統形象的「柏臺風範」當然距離還是遠得很。不過，我們的大眾現在對所謂的監院形象似乎期望已經放得夠低，名單一看，發現一無大號金牛，二無打架犯科之徒，有人便已經頷首連稱「滿意」。

而在名單曝光後，被提名的人「欣然接受」、「不忮不求」……等種種反應中，最教人印象深刻的是一位被提名的現任省議員，他告訴媒體，自己事先既未被告知，也沒有意願（這說法，眞使我們對提名作業的超然度信心大增）。為什麼沒意願？因為監院的存在和他的國會理念不合（非常有國會概念！），而且「像我這調子，不夠格當監委。」（多麼謙遜啊！）這位準監委劍及履及，隨後發表了一篇書面聲明，說自己是「品德之格局不足，操守欠缺頗多，實難構上高風亮節之美譽，而沾職司風憲、糾彈不法之重責大任。」

這篇辭官聲明，文字雖不完美，倒是有一點四六文的影子，教人讀出幾分古時皇帝下詔罪己的味道。只是，一路讀下來，我們一方面不能不覺得，在這樣的時代，還有政界人物對一個各方矚目的高位這樣固辭，而且公開自承不足，眞是難得；另一方面，卻也不能不讀出幾分荒謬：這位根本就反對監院的存在的人，何須爲自己被提名監委而這樣自慚形穢、覺得「高攀不上」呢？

答案很快也就揭曉了。

這位「愧不敢當」的議員，原本正有高度的轉任監委的意願，但是名單曝光後遭到同黨的強烈杯葛。媒體再問之下，發現「罪己」的聲明原來是個緩兵之計。以這樣的低姿態平息了眾怒之後，這位議員於是欣然接受提名，一場荒謬劇以喜劇收場。

這幾年，無數政壇紛擾固然使得百姓的政治「水平」大爲提升，不容易一廂情願地聽信一些場面人物的「表面文章」了。但是，這位準監委的這番「聲明秀」還眞給我們又上了一課。這樣的表演看多了，「使人容易鄙夷世情、失去寬厚的存心（英文裏所謂 cynical 者是）。但是，不從這樣的事件中累積起必要的警覺，難免不會形成媒體被「有心人」牽著鼻子走，百姓又被媒體牽著鼻子走的局面。少數幾個有心精明的人，就足以建造一個愚人的國度。

準監委中另有一位的發言也教人難忘。這位欣然受命的被提名人說：「李總統一向很照顧我，他叫我做什麼我就做什麼。」這「做什麼」如果指的是「做監委」，則這回負責提名審議的小組應該抗議，因爲這話暗示提名小組背後還有「高層」提名人；如果指的是當了監委以後「做什麼」，則全體百姓都應該抗議：我們要一個全心聽命於元首的柏臺做什麼！當然更不要說這樣的發言跟監委應有的獨立風骨和擔當之間是多麼可笑的矛盾了。

凋年急景之際，五院的人事都將在一、兩個月內如走馬燈般大幅搬動，讓我們努力地寬厚、密切地注意，也同時期望，搬風中不要出現太多教人錯愕的意外。一個 cynical 或一個愚人的國度是同樣的不幸。

一九九三、一、三

# 立院新工程

有四十位執政黨立委連署了一個提案，指出目前國家財政困難，身爲立法委員更要力行節約，不應花費數百億之鉅的預算去進行立法院遷建華山的大工程。

有權有利的人行爲上通常遵循的是「加法原則」——不斷爲自己擴權增利（這個原則還有許多隱身於口語中的變貌，諸如「人往高處爬」、「愛拚才會贏」等等）。我們的民意代表對這個原則尤其身體力行絕不後人。有人算算我們的立委拿的月俸，發現早已超過美國的國會議員。想到這點，還眞教人慶幸國家尚未統一，否則二、三十個行省還可以互相比闊，競賽「加法」，老百姓光爲養自己的「代表」就已經註定了要民窮財盡。

「加法原則」是那麼貼近「人性」的常態，這四十位立委自請不浪費公帑的「減法」行爲，眞是教人耳目一新，就算只是一種姿態或只是在打形象廣告吧！到底願意從這個方向來塑造形象，對老百姓已是個較好的消息。

由關中領頭的這四十位委員還發表了一份文字頗爲幽默的聲明，聲明中說：「在立法院打鬧事件不斷，議事效率低落，無法提出能向選民交代的成績單前，實在沒有理由浪費民脂民膏。朝野立委的臀部不是特別大，立法院也不準備開百貨公司，蓋三十餘層的大樓實在沒有必要。」這麼明快的自剖、有趣的筆調，實在可圈可點（雖然很大意地留下一個語病，彷彿如果交得出一張好「成績單」就可以「浪費民脂民膏」）。其實，就算立委們「臀部特別大」，還「開了百貨公司」，也沒有用幾百億預算，蓋三十幾層大樓之理，這種規模和建築費，大概只有封建時代皇帝死後建起皇陵來才差堪一比。

可是肯這樣在一片自我膨脹風氣中略作節制的也只是少數人。媒體預估在未來十天裏，贊成和反對遷建的立委將會有一場仗好打。四十個人在一百六十個立法委員裏是絕對少數，按這個比例是打不贏的，我們該提醒其餘的立委們這是打形象廣告的好機會，三十幾層的豪華立法院了不起只是在跟皇陵比浪費，站出來說「我不贊成」才多少可以顯示幾分活人的格調和自省的能力。

立法院的遷建只是一個個案，整體更可檢討的應該是我們的公眾人物競相把自己的價值依附在物質條件上的現象。立委刪削政府預算時經常是沒什麼原則地亂削，爲自己加薪增編預算則是一無原則地寬大。這一方面是嚴以責人、寬以律己的劣根性，另一方面恐怕也因爲這些人欠缺一點能自我肯定的價值；他們不靠了外加的裝飾和奢侈，便不知道自己究竟身價何在。即使「清高」如大學校長的，我也見過有一上任就覺得國產轎車太「不合身分」，非找漏洞另編預算買進口豪華車代步的。前些時類似的事發生在環保署長身上，也就不太教人奇怪了。

因此，要教育這些人不要浪費公帑，光讓他們知道自己「臀部不特別大」恐怕不夠，最重要的是他們得知道這樣做顯示出來自己的「自信特別小」。他們如果從自己的言談見識和格調中看不見自己的價值，當然只好依靠幾百億的建築或幾百萬的車子來製造身分了。奇怪的是，我們爲什麼選了這麼多這樣的人來「代表」我們？我們該教育自己，讓那些想花幾百億蓋大樓的立委下次不會當選。

一九九三、五、二十三

**後記**：華山遷建案同月二十八日於立院以九十二票反對，十九票贊成，遷建預算全數刪除。

# 輯四 「同胞」與「朋友」

## 兩岸篇

# 「和平演變」

中共拍了一系列叫《世紀行》的電視影片，原意是在糾彈《河殤》的錯誤，用作「社會主義教育」的輔助教材，不料才剛推出，就引發爭議，共產主義理論家胡喬木跑出來說，這片子是「打著民族主義的旗號」而做「和平演變」的工作。

「和平演變」，看來又是個大陸上新興起的名詞，中共對臺辦事處副主任唐樹備，最近就曾對香港刊物的記者指責臺灣當局抱著「和平演變大陸」的想法，企圖改變大陸的社會制度。

新名詞都是有趣的，像別的新產品一樣，有它產生的環境，又都在等待明確的界定，等待時間的考驗，看它能不能發展出自己的生命，能的話，它們「爭一時也爭千秋」，不能的話，它們是街頭的「太空寶寶」垃圾筒，很快就變成不好用要銷毀的東西。

而如果能「和平演變」，來自《世紀行》的影響也罷，出自「臺灣當局」的企圖也罷，我們期望它能爭到「千秋」。中國的問題，頂好就是能「和平演變」，這個新名詞，望文能生的意義原無惡意。「和平」是好字眼，「演變」雖有點不可知的期待和疑慮，大致上也還是個中性字，胡喬木怕《世紀行》把社會主義「和平演變」了，唐樹備擔心臺灣把大陸「和平演變」了，用辭和表達之間的矛盾所反映的，似乎不是指責而是「既期待又怕受傷害」，不，是「雖怕傷害卻期待」。大陸其實思變待變，胡喬木指摘《世紀行》既非馬克思主義也非愛國主義，「叛黨叛國」；唐樹備指控臺灣「企圖改變大陸的社會制度」。這樣嚴重的罪行，而罪名不過是「和平演變」，其間「期待」多於「怕傷害」的意味呼之欲出。

這種詞義和意涵之間的矛盾曖昧，其實也正是意識型態掛帥的社會的共同特徵，《消息報》上沒有消息，《眞理報》上獨缺眞理固然久已是蘇聯媒體的笑話，歐威爾（George Orwell）在《一九八四》中要把竄改歷史的部門叫「眞理部」，消除情感的單位叫「愛情部」也不是偶然。只是，中共今天所面對的卻又是不一樣的「名」「實」之間的窘迫：意識型態的枷鎖使得這個社會裏的人總是在任何改變中看出潛在的危機，在任何行動中看出顚覆的意識，甚至於在每一樁思考中看出轉化的陰影，初初以爲無害的東西，再一抽絲剝繭，便有無窮的問題，《河殤》如此，如今的《世紀行》亦復如此。而這無窮的問題也不全是憑空假設的，當一個文化產品會吸引整個社會去抽絲剝繭找尋它隱藏的深意——尤其是惡意——

時，這個社會便果然是隱藏著這麼多深意和惡意，藉著這個文化產品，它們會像相對的鏡面一樣投射出無限反影，彷彿無止盡的波瀾。一部「河殤」，在民主社會裏了無波瀾可興，最多產生一些知識性的討論和道德問題的反省，但在一個極權社會，它會變成意識型態的全面衝擊，會成爲整個社會動亂的導線，從《河殤》到《世紀行》，胡喬木們其實應該覺得安慰，如果如今的隱憂其實無非「和平演變」！

唐樹備們當然也應該覺得安慰，如果他們終於體認到，臺灣對大陸的企圖原來也無非和平演變。在「同志」和「匪幫」，「香花」和「毒草」的語言對立之後，「和平演變」這樣的「罪名」所顯示的善意空間，也許可以視爲中共意識型態軟化的徵兆，而對任何意識型態強烈的社會來說，合理的軟化是保障它的眞正穩定，使它不怕任何「演變」威脅的基本要素。

一九九一、六、九

# 「同胞」與「朋友」

兩岸在一夜之間不再敵對，可是，不敵對不表示可以做朋友，兩岸不是「朋友」，只是「同胞」。不是「朋友」的同胞，尷尬得很，一方面要血濃於水地救急賑災，另一方面要步步為營地防備。

當然也都防備得有理，我們怕被「吃掉」，從國際舞臺上消失；對岸怕被「演變」，在不知不覺中瓦解了他們的「主義」。可是又因為是同胞，害怕中其實不是真怕——臺灣「消失」的另一個意義是達成了統一的目標；大陸被「演變」其實就是政治經濟體制的自由化。終極來看，兩樣都不違反大多數中國人的意願。

——期盼和害怕同時存在，原來竟只為了「演變」和「統一」的兩個因素不能同時兼顧並行。中共當局只想統一，不要演變；而我們確知的是，如果對岸好好「演變」了，兩岸再完成統一，對臺灣來說才是保障；對中國來說，才算成功；對歷史來說，使「同胞們」復為朋友，才是千秋績業。

使人不敢放心的卻是，中國人一向製造「同胞」的能力很強，不知不覺地就有了全世界最龐大的十二億同胞；以朋友之道待我同胞的能力卻很差，不僅是齊魯要對打，吳越要不和，小至相鄰的兩姓兩村也動不動要變成世仇。就算渡海來臺了，閩人客人固然做不成朋友，閩人中的漳人泉人廝殺起來一樣可怕。中國人和中國人，做同胞容易；做朋友，極難。說是「復」爲朋友，恐怕其實忽略了中國人從來做不成朋友的事實。

也許我們該先老老實實承認自己這種易於與人「爲敵」的本性。許多外國人說中國人難交朋友，但一旦交了朋友便效盡犬馬之勞。其實中國人對中國人也是這樣，其結果是，靠「交情」可以把很多不可能的事辦成，沒有交情，什麼事也辦不成，想做成什麼事的人因此努力於拉種種「交情」，那些應該取代交情，能照顧到全面利益的規章制度反而沒有機會建立。西洋所以較有制度，原因不過在於他們老實承認人性是惡的，需要規範罷了。

這回閩獅漁號事件中，中共要求來三個人探視，我們說只准你來兩個人，他們說要派兩個記者隨行，我們說不行，一個也不准來。在我看，關鍵也全不在制度如何，而是交情有無。當初三保警案中共只批准兩名紅十字人員去，我們的「交情」賬本上只有兩個人；他們沒有「批准」我們的記者去，這部分沒有「交情」結餘，所以不准他們來。等有人指出來，說當時我們早有成上千百記者人次去過了，我們所以沒有記者申請隨行，是因爲各媒體現成就有許多記者當時在北京可以機動調度，於是交情簿上重新計算，便又准他們派來記者。

至於中共很快地從三個人同意減爲兩個人，當然也因爲彼此都是中國人，對於這種交情計算法運用自如，毫無調適困難之故。

能够這樣認同一套奇特的解決問題的辦法，這眞是拜了兩岸同爲「同胞」之賜。可是，老靠這樣計算交情，度量够不够「對等」，才來決定問題該怎麼解決，卻免不了就使客觀的是非和合理的制度建立不起來。

而一日沒有客觀的是非和合理的制度，中國人之間就一日難免同胞很多，朋友很少；拉交情的同時，仍在彼此處處防備；應該講是非的時候，沒有制度做後盾。海基會的陳長文秘書長這兩天正在努力請辭，陳秘書長這樣的「法律人」，面對這樣的「中國情」，想來自是感觸更多，舉棋更難

一九九一、八、十一

# 一隻蛋有多少可能？

中外都有這類故事：揀了一籃鷄蛋的小女孩做起白日夢，夢見這籃蛋孵成一個養鷄場，從養鷄場又生出無數的鷄蛋……生生不息的結果，最後成就了天大的家當。想著想著，小女孩一腳踩滑，一籃的蛋都打碎了。不，不是一籃蛋，是天大的家當就這樣打碎了。

當然，現實裏要靠一籃蛋建立起天大的家當是萬分渺茫的事，小女孩其實幸運，沒有機會印證那一籃蛋的菲薄，反是因爲那菲薄的憑藉消失了，因而得以保留想像中的全部偉大的可能。是的，假如——假如那籃蛋沒有破……

這樣的故事，最有名的大概是《天方夜譚》裏的阿那沙（Alnaschar）的故事，後來英文裏因此發展出「阿那沙之夢」（Alnaschar's dream）的成語來。我們明人小說裏也用過類似故事來做話本引子，顯示中外都各自有人想藉這樣的故事來指點世人迷津。

可是，要點醒的是什麼迷津呢？發財夢不可恃還是發財夢不可做？大概都是，至少，編書的人就曾說「阿那沙之夢」的教訓是「蛋還沒孵出時不要先計算」。不過，對我這樣不擅長做白日夢的人來說，這樣的教訓也就沒有什麼意義，「阿那沙之夢」反倒是提供了一個有趣的聯想，可以用來說明，許多語言表達，在「溝通」傳遞之際，其實也是那未孵的蛋，擺在前頭的是無窮的可能——有時是遙遠的福音，有時是天大的禍害。

當然最可能的是，它就是一個蛋，其餘什麼都不是。一籃鷄蛋裏的家當，本來就是萬分渺茫的事，語言有其無限，也有其極限，問題是，我們常弄不清它只是一個蛋，還是一個蛋之後的無窮可能。

因此，當中共說要爲閩獅漁號事件來「協商解決」時，說的也許就是「協商解決」罷了，像上回陳長文赴大陸一樣，「協商」了一番，大陸同意不先遣返兩名保警，而讓開槍涉案的第三名保警以民事「解決」，三人一起跟陳秘書長回來。

可是「協商解決」原來也是可以孵出無限家當的一隻蛋，它可以變成「協商案情」，然後從「協商案情」變成「干預司法」，然後從「干預司法」變成「不尊重我國主權」……然後茲事體大，「小問題中有大原則」。兩名大陸紅十字會人員受阻香港，根本關鍵是我們相信「協商解決」的這隻蛋會孵出天大的家當——我們所不想要的家當。所有的對大陸工作機構這幾天所做的，原來就是在防杜一隻蛋會生生不息地衍殖。

可是，當我們對一隻蛋的可能性作了那麼廣大的預估的時候，我們相對地也在醞釀一種心理幻覺，以爲只要這隻蛋不一路孵下去，我們的司法就獨立了，主權便得到尊重了——我們自己，正從一隻看不見的蛋身上，生息出一片天大的家當。

其實，我們還是頂好認淸語言就是語言，「協商案情」有沒有那無窮的可能先就難說，我們的「主權獨立」能不能靠對方一紙不「協商案情」的聲明來得到肯定，更是不但渺茫而且不怎麼相干的事。一隻蛋，在絕大多數情形下，無非就是一隻蛋罷了。

一九九一、八、十八

# 沒有哭聲的災難

今天夏天，華中到華南發生了百年僅見的洪災。暴雨從五月下到七月底，太湖水位高達四・九五米，超過歷史上最高水位紀錄二十二釐米。不息的雨勢使淮河、長江下游、中游、鄂北諸河相繼告急；而不止華中華南，六月上旬暴雨曾在北京京郊造成山洪暴發，百餘處巨大的泥石流帶來的災難，亦爲百年之最。七月底之後，暴雨甚且向北推移，東北邊陲的嫩江、松花江也相繼發生大洪水。滾滾的水挾泥帶沙吞沒了神州大地。這一季災難，詳確的生命財產的損失也許永遠也統計不出來，然而，千里洪澇、萬家墨面，單看到雨量的統計和水災現場的畫面，我們都能聽見遍野哀鴻。

中國是多災難的民族，而災難必然是有聲音的，因爲受災的焦點是人，人的聲音永遠是我們在感同身受之際的第一個關切點。一百四十年前的黃河決堤，史載開封城「萬戶哭聲」，「民間惶恐顚連之狀、呼號慘怛之音，非獨耳目不忍見聞，且非語言所能殫述。」九十六年前，再一次黃河決堤，官員奏報齊魯之地「數十萬生靈嗷嗷待哺，號哭之聲聞數十里。」災難必然是有聲音的，六月十日北京市郊懷柔、密雲、房山等山區的暴雨洪災，北京的《文匯報》在一則報導中有這樣的描寫：

「上百處山岩同時墜落，巨大的泥石流鋪天蓋地砸下來，頓時天昏地暗，地動山搖。」

「當黑壓壓四五層樓房的泥石巨浪，閃動著藍色火球降臨村落時，密雲縣四合堂鄉張家溝門出生三天的嬰兒還不會吃奶就受了泥石流的洗禮。大人們呢？他們瞠目結舌，一時間不知從天而降的是什麼。這些存活的人們，是被村幹部吆喝出家門，趕著拽著爬上一個個高坡。一聲轟響，一片黑暗，一派汪洋，老鄉們急忙回頭，家沒有了。雞、鴨、豬、羊、驢、馬、牛，還有屯積的糧倉，都不見了。果樹呢？土地呢？前後不到兩分鐘，這一切都消失了。城裏人接受宇宙的信息，需要花大力氣調整心律，農民承受泥石流的現實，都來不及咳嗽一聲。想想天地間不可逆轉的事情，哭天搶地、撕心裂肺又是多麼蒼白無力。」

「搬到懷柔縣平原鄉楊宋鎮的災民，含著眼淚訴說著、描摹著那個聲音，可是說到底也說不清它到底有多大，反正已經過了二十多天，耳朵裏還有餘音……」

只是一天之內的天災，宇宙為之色變，而人，「哭天搶地、撕心裂肺」，留下不息的餘音，給歷史作為見證。

可是，像《文匯報》的這一則報導是罕有的特例。儘管報導中接著的篇幅都在描寫鄉里幹部怎麼樣救助災民公而忘私，如何災黎得到安頓，廢墟上重建起家園，畢竟，我們聽到災難中應有的哭聲。儘管報導中隨處是「他們說：祖祖輩輩遇到的官裏頭，就是共產黨對我們好，換了誰，今兒格我們不死也得要飯去」一類的黨八股，作者並沒有完全忘了新聞報導應有的史筆，文章最後，他（也許是她，名字叫馮秋子）說：

「回北京幾天來，總有雨水。想不出北部山區的人們怎麼過。南邊天天都有更驚人的消息，南邊的人們也在與百年未遇的特大洪水抗爭。」

「中國人正面對大自然，面對挑戰。」

不完全是「拖一條光明尾巴」的八股，當中因此多少看得出一個新聞工作者真誠的關懷。然而，這樣的報導是鳳毛麟角，這位記者如果留意到「天天都有更驚人消息」的南方水災的報導，會發現，他或者她沒有多少同類。

## 頌聲四起的災難

洪流滾滾席捲了南方無數田園屋舍，絕大多數報導中告訴我們的都不是災難中的人民，不是他們面對的苦難，而是一片歌頌和歡呼：歌頌「領導」的明智、救災有方和「解放軍」的無私，全力「戰洪」；歡呼祖國「遍地英雄」，「黨」的恩情似海。

這樣頌聲四起的災難！如果有研究大眾傳播的人把這幾個月大陸報刊對於大水災的報導拿來仔細分析，可以作成一個意識形態、言論控制和報導角度關係的很好研究。不過，在進一步討論這個奇特的媒體現象之前，且讓我們好好看一看一些報導的標題和內容。這些水災的報導，大體可以分爲幾類，第一類是對黨幹部、救災英雄的歌頌：

「浩浩鬥天歌——記常德市幹羣抗洪搶險的十五個日日夜夜」（七月十四日《湖南日報》）

「船行『孤島』送深情」（七月二十一日《新民晚報》）

「發揚英勇頑強連續作戰作風：解放軍抗洪救災立新功」（七月二十四日《人民日報》）

「神鷹爲抗災騰飛」（七月二十六日《中國青年報》）

「軍徽在抗洪線上閃光——子弟兵在蘇皖區的感人事例」（七月二十八日《新民晚報》）

「解放軍駕來『生命之舟』，一千五百人水中脫險」（七月三十日《新民晚報》）

「遍地英雄戰洪圖」（八月四日《中國青年報》）

「洪水災百年罕見天無情，共產黨情深似海安民心」（九月八日《新華日報》）

「黨的領導是戰勝洪澇災害的基本保證」（九月十四日《光明日報》）

「捨身忘死爲人民——駐鄂部隊抗洪救災紀實」（九月十五日《人民日報》）

只要報紙搜集得够多，這樣的標題可以無止盡地引據下去，因爲它們占了水災報導的絕大多數。在這些報導中，你從災民口中聽不到任何苦況，也不知道他們最需要的是什麼，因爲再苦的狀況「黨」也比你先一步瞭解了，再急迫的需要也必然已經由「解放軍」解決了。你是讀者，你所需要知道的只是，天大的問題國家都有辦法，而你所讀到的，當然是解決者的勞苦功高和受惠者的感恩戴德：

當安徽六安的八百七十八個村莊被洪水分割成一個個孤島時，我們讀到的是縣委書記如何用小木船到一個個「島」上去送食物，老農民哭著握住書記的手，「共產黨比俺親娘還親啊！」

這「親娘」還不只救急救難，他得犧牲小我，早上七點吃的飯，到下午三點還沒吃第二頓，而不光是爲了忙。搖船的農民「深情地」對那書記說，「籃子裏有的是麵包、獅子頭，你們都吃一點吧！」

「『不行，災民比我們更需要它！』船上的人誰也沒有動一分食品。」這記者也這樣「深情地」報導那書記的回答。

我們也許忍不住想問，這書記先生如果先餓昏了，無數孤島上嗷嗷待哺的災民怎麼辦？答案可能相當簡單，他會被神化成一個焦裕祿或雷鋒式的英雄，從而換得遠超過一個地方公僕在合理情況下做合理的事的評價。在這種情形下，報導中的書記是不是有其人，或者其人是不是做了如報導所說的事都不怎麼相干了。

## 了不起的災民

災變以來，各地的報紙都找得到歌頌「救災烈士」的文章。「焦裕祿式」的好幹部捨生忘死地救人，不斷有人殉難；而百年未有的大洪中災民竟一無傷亡。九月十四日《光明日報》有接連兩版的總結式的「中國抗擊一九九一特大洪災紀實」，重點在太湖湖區七月上旬的三度炸壩。太湖水域的面積與臺灣全島相仿，人口多達三千三百萬人，在炸壩分洪的過程中，「精心組織百萬災民大撤退大轉移，無一人死亡……」我們不能不想起「六四」事件後中共的官方報導：「(天安門)清理過程中，沒有一人死亡。」百萬之眾，即使是和平遊行也難保沒有人死亡，而在滔天無情的洪水、間不容髮的疏散轉移中，「無一人傷亡」的字句卻在不同報紙的各區報導中都一再出現。這些報導似乎要我們相信奇蹟，但奇蹟屬於偶合，屬於宗教，對於事涉千萬生靈的報導，要讀者相信奇蹟，只有關閉他的耳目，讓他聽不見災難中的人究竟要說的是什麼，讓他只知道災民奮勇抗災，永遠配合決策，「以大局爲重」。災民們個個原來也都是焦裕祿式的英雄，問題只是他們居然都不會死，而且都善於扮演感激涕零的角色。

因此我們有第二類的報導：了不起的災民——

「車流人流向著一個目標——記青浦錢盛蕩決堤炸壩前夕」（七月七日《新民晚報》）

「炸塘壩義無反顧，爲鄰省分憂解危：上海三縣人民今晨譜寫新『龍江頌』」（七月十四日《新民晚報》）

「淮陰人民不向洪水低頭，拚淚捨小堤，著眼保全局」（七月十四日《新民晚報》）

「血肉築起水上長城」（七月二十三日《新民晚報》）

「從沉痛中奮起的常德人民」（七月二十五日《湖南日報》）

「大局爲重——高郵市新民灘炸圩側記」（七月三十日《中國青年報》）

「千萬人民戰旱魔」（八月七日《湖南日報》）

「脊梁禮讚：一九九一夏季中國工人階級在抗洪救災鬥爭中」（九月十一日《人民日報》）

這類報導應該用江澤民七月七日巡視安徽災區後的話來涵括：「災情比起我在北京聽到的要嚴重得多，但我現在放心了。因爲，我們的人民好啊！人民好啊！」

人民有多「好」呢？

當安徽的一萬七千家和江蘇的兩萬家企業都在水裏，三千五百名淮南礦務局的職工跳入水裏，用人牆保住了兩千多米長的險要堤防。在常州，常州化工廠的員工經過十幾小時的奮戰，從倉庫中搶運出相當於七十多枚千磅炸彈的電石，「只要火光一閃，生命就會在瞬間消失，然而，沒有人退縮，沒有人膽怯……」，當然，還有搶修鐵路的、以礦爲家的……數萬家企業都被水淹的七月，首當其衝的安徽、湖北、河南「工業生產值不但未下降，還增長了三%左右」。《人民日報》對這可驚的神話冠以「脊梁禮讚」的大標題，彷彿間仍是義和團相信的血肉之軀可以抵禦洋槍大炮，或大躍進時期的土法煉鋼就能「超英趕美」的相同心態。中國人的脊梁，在大水災中不斷被禮讚，千萬災民中既沒有一人死亡，自然也沒有一根脊梁被壓斷，而百年一見的大水，因了有這些脊梁，反而帶來「增產」。

工人有脊梁，農民有「金子般的心」，太湖三度炸壩，許多農民賴以爲生的魚塘、田地毀於一旦，他們流著淚，原來不是哭自己一生的家當，是哭「這一來國家交給我的任務完成不了了」。因爲農民先用草包、蛇皮袋給圩堤加固加高，這一炸，草包袋子都炸沒了，不能再用來加固別的堤防了。屋舍沒頂的農民還有一趟一趟游回去揭下瓦片帶到避難處的，爲的是「以後國家就可以少補貼」；而丈夫成爲「救災烈士」的寡婦，平日在工廠做工，「晴天翻曬礦石，雨天用手敲打礦石，一天下來，骨頭像散了架」，這樣辛苦掙的錢，此時又得自己撫養女兒，居然捐出了五百人民幣的積蓄來救災，這至少是她幾個月的薪水。

這樣「好」的人民，成篇累牘地出現，怎麼會好成這樣呢？因爲「共產黨員」的感召，《人民日報》告訴我們：水災一起，「很快，人民驚奇地發現，第一個下水堵漏的，是共產黨員；第一個衝進激流的，是共產黨員；第一個踏上夯臺的，是共產黨員；最後一個撤離轉移的，依然是共產黨員！」驚奇的農民於是感激：「解放軍是救命軍！」於是「對社會主義的好處切切實實感受到了。」

於是人民都變成大洪水中不會死，救災時脊梁不會斷，再困苦都能捐出五百人民幣的好人民。

我們——作爲讀者——當然也很喜歡知道自己的血肉同胞裏都是這樣好的幹部和人民。問題是，作爲讀者，我們都不難看出這樣的報導是按特定的模式和要求寫出來的，災難中可以有高貴的人性，但災難不會使人全變成神；意識形態可以成爲一種力量的來源，但這種力量不能和理性認知的範疇成爲荒謬的對照。我們的理性會逼著我們問，災民露宿的比例占多少？一天究竟分到多少口糧？衛生問題如何解決？瘟疫有沒有開始發生？海內外的救災款項和物資究竟做了怎麼樣的分配，怎麼不見任何徵信的報導？……對黨、對幹部、對災民的稱頌這麼多，我們很容易就關切到的這些問題卻簡直找不到答案，這歌功頌德的災情報導完全脫離了新聞報導的正常尺度，失去了新聞應有的功能。

## 難得的紀實

剩下來的幾類報導，整體上是佔的比例較小的，一類是政令，諸如：

「李鵬提出抗洪救災五條意見」（七月二十四日《人民日報》）

「楊尚昆要求全軍全力幫助災區戰勝災害重建家園」（七月二十七日《湖南日報》）

「國務院辦公廳發出通知，要求切實安排好災區羣眾生活」（七月二十八日《人民日報》）

一類是災民「憶苦思甜」：

「滔滔洪水今又是，換了人間」（七月二十九日《文匯報》）是典型的一篇，說一九三一年的大水，奪去興化市七萬餘生命，一九九一災情更甚，而竟「全市無一人直接死於洪澇災害……眞是：一個甲子兩重天！」類似的論調「揷播」也見諸許多歌頌社會主義和解放軍救災的報導中，但爲數不是太多，重點到底是在歌頌。

再有便是極爲難得的不作政策宣傳的紀實性報導，因爲太難得，有一篇「高溫下的災區人民」（七月二十一日《新民晚報》）値得全文照錄：

「近日，淮陰市洪澇災區最高溫度已升至三十七攝氏度，受災羣衆生活正面臨許多新的困難。

盱眙縣是淮陰市的重災區，十一萬受災羣衆經過多方努力，已有三分之一被安置到學校、工廠、機關以及民舍中去，另有三分之一投親靠友，餘下的三分之一至今仍住在路邊、堤上、圩邊、田頭，人畜同住環境惡劣。由於缺少建築材料，臨時搭起的棚子大多簡陋不堪，有的幾張草蓆，有的一塊塑料布。晚上蚊蟲肆虐，羣衆普遍缺少蚊帳和驅蚊用品。儘管許多棚子上都貼了『把住病從口入關』等標語，但不少羣衆缺少爐子、燃料，十幾戶人家合用一口鍋。有關方面呼籲儘快向災區提供毛竹、草蓆等建築材料，以及糧食、防暑消毒藥品等，使受災羣衆能够安全度夏。」

在無數神話式的幹部和災民的故事之後，這樣一則報導，雖然簡短，眞是淸新寫實，因爲使人終於發現有記者是老實在寫自己看到的景象，說自己感受到的問題，藉自己的筆來喚起讀者的關切注意。有沒有許多這樣的報導消失在編輯桌上，不見天日呢？我們無從知道，但寧信其有——希望有。中國的記者如果只會按政策建構「報導」，中國不會有輿論，沒有輿論的國度，不要妄想民主自由一類的奢侈品。

面對這許多報導時，我們也會有趣地發現，英文《中國日報》(*China Daily*)和中文報的風格角度有相當明顯的差別。歌功頌德的文字在英文報上遠爲少見，平實的陳述居多數，四方捐獻的報導也定期出現，雖然對捐款實際上怎麼用，仍是不得要領。

## 該相信誰呢？

面對只有「擬似輿論」的媒體，我們其實無從知道，這一場百年大災，究竟現在是什麼情況。當內地的報導告訴我們災民沒死一個人，工廠反而增產，人民有壓不斷的脊梁、更有金子做的心的時候，香港《明報》從安徽官員得知，從八月開始，合肥一地火車站的外出客流量每天比往常驟增了近萬人，這些大量外流的人口是家園在水災中毀損的人，他們七成以上流向上海、江蘇，成爲打工或乞討的流民。

當我們成篇累牘地讀到解放軍如何無微不至地救助災民，而災民如何感頌「黨恩」的時候，有位臺北《聯合報》的記者在七月二十九日沿著淮河流域趕了三百多公里路，聽的都是災民沒米缺糧的苦水，看到他們吃炒西瓜皮、發霉的油煎麵餅。災民拿不到賑災物品，有人並懷疑這些賑災品「多經一道轉運手續，就多剝一層皮。」

「而所謂『賑災米』仍得以每斤三毛五購買，且限制每天每口只可買七兩米。災民說，市價米價每斤三毛六，有錢何必買賑災米？每天七兩米又怎能塡飽肚皮？」

「記者今天巡訪的幾個災民區，處處環境髒亂，災棚內外傳來陣陣異味，災民的災難，非筆墨所能形容。」

面對不同來源的迴異的報導，我們的一個立卽的疑問當然是「該相信誰呢？」

該相信誰呢？「大躍進」曾經變成英雄式的神話，最後證明是大饑饉結局；「文化大革命」曾經被描繪成浴火新生的理想，最後證明是五千年未有的文化浩劫；而在全世界眼見的殘酷屠戮之後，中共宣稱「六四」沒有死一個人，或者總共只死二十三個人，且多是「解放軍」。我們要相信誰呢？這一次水災，也許中共確實努力避免了災情的惡化，也許棄農村保城市的政策相當奏效，也許災民外流的防堵做得相當成功，使得歷史上的「流民圖」沒有大規模出現，但是，更大的因素卻無疑是新聞控制的嚴格和記者御用的普遍。因爲，再富裕的社會，再有組織的救災能力，面對巨大的天災時，人命的損傷都是絕難避免的，災難中的人性也絕不會千篇一律地超越常情。我們所讀到的這些奇蹟式的報導和歌頌，眞正證明的，恐怕只是中國大陸新聞御用的程度有多麼嚴重。

筆者沒有看到過大陸訂報率、讀報反映一類的調查報告，因此也不能斷言這些充滿政治干擾陰影的災情報導，在寫在編的時候有什麼樣的訴求對象和訴求目的，預期什麼樣的反應。不過，下面這則報導也許多少解答了我們想問的問題。這是九月八日南京《新華日報》的一則短訊，標題是「我省抗洪救災報告團赴京」，「我省」指的是江蘇省：

「本報訊　省委副書記曹克明同志爲團長的江蘇省抗洪救災報告團一行十二人，昨晚離寧赴京。

「報告團介紹的內容有反映抗洪搶險英雄壯舉的；有反映捨小家、保大局，把國家利益放在首位的；有反映黨員、幹部在抗洪救災中衝鋒在前、撤退在後和與人民共同甘苦、共患難的；有反映依靠集體經濟力量戰勝洪澇災害的；有反映主動接收安置災民的高尚風格的；有反映在抗洪搶險中英勇獻身的革命烈士感人事蹟的。日前報告團在南京已向省直機關幹部和在寧大專院校師生代表作了兩場報告，反響熱烈。

「此次赴京，報告團將向中直機關幹部和北京大專院校學生匯報江蘇人民的抗洪救災情況。」

我們馬上會注意到的是，這個江蘇省報告團晉京所要報告的內容，和我們在新聞紙上成篇累牘地讀到的歌頌歡呼如出一轍，報紙的訴求對象，原來也就是這樣一個「報告團」晉京訴求的對象。

也許中南海的老先生們不喜歡聽見災民的哭聲，也許京師大學堂裏的師生們聽不得哭聲，聽見了他們又會想摔瓶子，想上街頭。

所以，這場百年大災是場沒有哭聲的災難。災難中只有英雄，只有頌揚歡呼。這是奇異的災難，這是更奇異的輿論，這樣的輿論，也許才是一個社會最大的災難。

一九九一、十、十四《聯合副刊》

# 死了一個王洪文

看到文革四人幫「頭號打手」王洪文七月三日病死北京的消息。

想到四人幫給中國人帶來什麼樣的浩劫，這時不免要舒口長氣，說「總算——死了！」然而到底不是稱快。

到底不是稱快。每個人都會死，卽使王洪文死時只有五十八歲，好人也並沒證明過就一定長壽或一定死得更「安樂」。死亡，本來就不是懲罰。

然而，不是稱快的更大原因，是知道王洪文這樣的人（以及江青這樣的人，張春橋這樣的人，等等）本來是可以不出現的，結果他們不但出現，而且是以史無前例的災難性規模出現。使這樣的人出現的原因，仍廣泛地存在於住著中國人的兩岸。死了一個王洪文，因此，有什麼可稱慶呢？除非產生王洪文的惡制度消失了，否則，叫做張三李四而實際是王洪文的人，總是不斷會出現的。

文革初期，王洪文只是個上海棉廠的基層幹部，因爲有了文革的「造反有理」的護身符，靠大當打手而扶搖直上，在四年之間數度陪毛澤東登天安門城牆檢閱羣眾，位至中共「中央委員會」副主席，與總理周恩來平起平坐。

一個沒有知識而善做打手的小工人，在幾年間成爲國家元首的一級輔弼，而當時的政策又是摧毀舊文化、打殺知識分子，則文革噩運之不能免已經是注定的了。

問題是全世界任何角落都有無知狠毒的人，比王洪文諸人更壞的一定也還有，他們多半都只能危害到周圍的幾個人，甚至可能才施小技，已經被環境消音，制度擋駕，乃至於法律制裁。正常的社會，元首（主管）的昏庸或無知不會毫無制衡，大奸巨惡也不可能沒有督察管道。把十億人的命運交在四個壞人手裏的事，只有當制度助紂爲虐時才做得到。沒有了惡制度，這四個「壞人」可能終其生只是我們隔壁家和善的叔叔阿姨。

四人幫垮臺之後，王洪文關在秦城監獄裏，據說是四人中「表現最好」的一個。所謂「表現最好」，大概只證明他是所謂能伸能屈，得意一條龍失意一條蟲之流，極可能在不同的環境裏一輩子會是隔壁家的和善叔叔。弄成千萬人頭落地、文物毀盡的「成果」，原是他自己都不敢妄想的事。是環境鼓勵了他這麼做，又促使他做得這麼成功的。

近年王洪文保外就醫，媒體報導說他的消遣之一是問護士小姐：「你知道我是誰？」表示過的最大心願是「過平靜的生活」。

有趣極了。你知道我是誰呢？我是那個想過平靜生活的王洪文，可是奇怪我卻從一個工人扶搖直上做到黨中央委員會副主席。我本來也以爲自已不懂文化，可是我越出力去打殺知識分子、破壞文物，毛主席和江青同志就越肯定我對文化革命的貢獻；周圍的歡呼歌頌聲也就越大。你知道我是誰？我就是那個掌握全國生殺大權備受歡呼的王洪文啊。你說我造成了中國文化五千年未有的浩劫？怎麼會呢？你想如果我們的文化不讓我這樣做，我做得起來嗎？你不要忘了，我本來只是個小工人，而且我也是中國文化的一分子，我只是個想過平靜生活的小工人啊！

王洪文死了，不會再問人知不知道他是誰了，然而不足使人稱快，因爲產生王洪文的環境，恐怕並沒有消失。

一九九二、八、九

# 沈形被捕

剛在北京上海逗留了幾天，見了面的大陸文化界朋友都說，「六四」以後冰封雪凍的「氣氛」幾個月來已大有轉機，「去年這時候在北京，誰敢公開提一聲六四！」他們說。

可是，回到臺北，彼岸的最大消息卻是沈彤被捕。

——「六四」也許「可以提」了，類似六四的事卻還是「不可以做」的。

恐怕得說，大陸經濟開放帶來的解凍氣氛，一方面是眞相，一方面也是假相。眞相是，「內胞」「外胞」（臺港僑……）」的差別待遇減少了，平等的指望大一點。從前大陸人民不准踏入的高級飯店，現在甚至可以住了；從前出國申請千難萬難，現在稍微容易了；從前海外作品只是私下流通，現在由大陸出版社簽約發行了……這些眞相的共同基礎其實很簡單，大陸人民的生活改善了，門路多了，也比較管不住了，久之連管人的人也看出不管的好處了，開放解禁氣氛於焉形成。

可是，驅車到天安門廣場走一遭吧，廣場上排隊要去瞻仰「毛主席」遺容的人蜿蜒數折，黑壓壓一大片，而你坐的計程車裏，前窗很可能就掛著毛的頭像，其位置有如臺灣計程車裏的觀音像或阿彌陀佛貼紙。——是毛的神話地位不減反增嗎？還是他的芻像的符號意義正逐漸轉變成飾品和收藏品？最壞的一種假設恐怕是，被毛思想洗過的腦仍在繼續作用，並且加上了下賭注的心理，因爲左右兩派截至眼前都還沒有批毛的徵兆，掛著他的像，「可以避邪」。可以避邪是一個計程車司機的話，我先當是個風趣的回答，過後才想到，「避邪」者，恐怕是大陸在無數批鬥、搬風、左右政策轉向之後學到的智慧；一如掛著佛像的臺北計程車，掛的總是被認爲最神通廣大、左右逢源的那一尊。

經濟開放、生活改善的「眞相」，因此掩蓋住了另一個更大的眞相：我們整個民族在信仰形式上顯示的愚昧，和趨利避害時的狡獪。這個更大的眞相，相對地使得所有表面上的改革成爲假相，大陸固然如此，臺灣一直到今天也沒有完全走出這個假相。

沈形在被捕前數小時交給《紐約時報》的一篇文稿中說：「我回到了中國……不知道什麼會發生在我身上。但我深信，槍砲坦克和商業消費的迷惑，都不能摧毀人類追求自由的需要。」他說的沒有錯。問題是，槍砲坦克來時，人會避害，商業消費來時，人會趨利，避害趨利豈止「不能摧毀人類追求自由的需要」，它本身就是人類追求自由的最大動機，然而在這類動機之下，自由的追求事實上往往落在相當生物性的、物質的層次。這樣層次上的「自由」終究是沒有根，也看不出大的意義的。那也是所以「自由」在中國社會欠缺一種根本的準則，今天的解凍不表示明天沈彤不會被捕。

那也是所以，如沈彤說的，「在中國的整個歷史上，暴力總是被暴力所代替」，不經由較高層次的動機爭取得到的自由，是很容易回到暴力的。沈彤的話，顯示了相當程度的深思和觀察，也使我們對「六四」一代的新人，升起了信心。新的中國若要有希望，得看它能不能容納這樣的新人。

一九九二、九、六

# 沒垮的，也許垮了

俄羅斯總統葉爾欽訪問大陸，不是以社會主義陣營的老大哥的聲勢蒞臨，而是去謙遜地向中共「討教經改模式」。訪問首日，雙方已經協議將簽訂近二十個文件，包括中共提供俄羅斯一至三億美元的貸款。

有媒體訪問北京各界的看法，發現北京人對這個淪落的「老大」，這個「弄垮」了一個社會主義體制的領導者興趣缺缺，甚至了無敬意。倒是新華社記下葉爾欽遊長城的讚嘆：「沒有水泥的時代，也能建起這樣堅固的工事！」

對比了百年來「蘇俄在中國」的淩人之氣和五十年代蘇資撤退時中共的枯窘，中國人看到今天的俄羅斯，看到來訪的葉爾欽，也許很自然地要自滿自大起來。——尤其還有個沒水泥的時代都居然築成的長城在那兒「以雄遠國」以驕番邦！

然而我總隱約覺得，看來分崩離析了的蘇聯，可能元氣仍在。曾經是世界第二霸權的科學根基和軍事力量、舊俄以來便自成一深厚傳統的文學藝術成就，那背後所需要的知識根柢和心靈的敏銳度，都會使一個民族卽使在政治上經歷變動、體制上推陳出新，根本的文化力量並不會消失。它的政治解體和經濟蕭條，不同於第三世界國家的分解和蕭條，反而可能預告了文化的擴散和藝術形式的傳布，更不要說它的政治整合的潛能永遠是存在的。

反倒是中國大陸，自滿地維持著一個表相的穩定，看來體制俱存，卻恐怕其實已經是湯藥俱換。它的最自滿的成分——如今竟然有錢可以貸給俄國人了——尤其是自我腐蝕和變易的最大來源。今天的大陸，貧薄的教育基礎上點綴著外資砌成的產業；中世紀水準的農村生活中塞滿了觀光招徠的傖俗活動……大陸所以在開放的過程中沒有崩潰，不是因爲它有什麼可以讓葉爾欽「討教」的「經改模式」，而是一因它的百姓安於現實，有一點生活改善的遠景出現，便不另作人權、自由等傷腦筋的思考來廝煩當權者；二因龐大的海外華資不斷湧進：探親的、置產的、旅遊的、投資的，無數華人最本能的鄉情和追求利潤的動機，一手挹注了赤貧的故土大地，使它在經改的路上順利多助。

然而我們可以預見，分散在大陸各點的經濟開發區的財富和生活型態很快地會重塑十二億人的價值觀，而在這重塑的過程中，並沒有相應的知識基礎和人文傳統來作平衡。新的中國人價值觀，因此既不會保留社會主義的理想，也不會具備資本主義的美德，只會是一個無制衡的絕對的現實主義。我們也可以預見，爲招徠外資而全力在推展的民俗觀光活動，也正在全面摧毀保留著中國民性的鄉土元氣，中國人終久的失根，會從這兒失起。

用一般人典型的價值論斷標準來看，一個人、一個國家窮了、垮了，你對它的敬意也就消失了，北京人對葉爾欽的反應，自然不過。只是我們該擔心，垮了的俄羅斯恐怕文化俱在，品味仍存，「沒有垮」的中國，卻只會留下由資金砌起來的「發達」，別的，都在流失中。

一九九二、十二、二十

# 用什麼「交流」？

最早在臺灣正式出現的大陸文學作品，大概是文革剛落幕的時候，各種大陸「傷痕文學」初初流到海外，國內兩大報的副刊於是打破禁忌，在文藝自由的臨界上鬧烘烘地炒熱了一陣子。也是這時，許多臺灣的讀者才乍然間發現，原來彼岸不都是「共匪」，還多的是有血有肉的「同胞」，以及他們血淚交織的故事。

然後是，滿身文革傷痕的大陸文藝胃納也開始大量地吸取臺灣的言情作品。《煙雨濛濛》和《撒哈拉的故事》之類成爲我們的先頭部隊，用頂溫柔的方式去軟化社會主義的意識型態，幫助無數四十年間馬列教條洗過的大腦重新調整信念，發抒溫情。

然後才是一點一點的開放，步步爲營的你來我往。大陸接受我們的外匯、流行歌、電視劇，以及連帶的資本社會價值觀；我們則多了偷渡而來的廉價勞工、藥材、《黃河交響曲》、〈黃土高坡〉……以及編書、翻譯的人力。彼此都在演變與被演變，防線逐漸在縮減，儘管戒心並沒有消失。

如果我們算算總帳，到目前爲止，經濟上臺灣和大陸是一個兩蒙其利的局面，大陸在經濟改革的路上不但沒有像蘇聯一樣分崩瓦解，反而走出了一窮二白的困境，得助於龐大的臺幣外匯無疑是一個原因，而隨著經濟改善而來的自由開放的社會環境，當然也顯示了一個無限光明的遠景。至於臺灣，在舉世的經濟蕭條聲中仍維持著相當穩定的成長，不能不也部分歸因於新闢出來的大陸商場，雖然這個商場的不穩定性使得這樣的依賴有如走在鋼索上。

文化上也許該說臺灣有大筆盈餘。無數生長在臺灣的人終於得以足履六朝古都或西陲翰海或鶯飛草長的江南，本來只是課本裏的、口頭上的地理，如今成爲具體不過的故國大地。我們的溫情小說、流行歌、連續劇則換來了比較深思的《河殤》、比較龐大的《紅高粱》、比較澎湃的騰格爾，以及比較精美的上海崑劇團……。眞正的問題變成：我們可以拿什麼作文化交流品？

而倘若文化上欠缺並比的交流品，一旦經濟力的優勢逐漸消失，我們與對岸也就失去對等的籌碼。今天，島上的政治雜音之多之莫衷一是，部分也來自在較量之際逐漸失恃的心理惶惑。

臺灣不是沒有文化優勢，這種優勢而且相對於大陸格外顯著，問題是臺灣最被大陸接受的，主要是一種「輕文化」，流動遭替如潮水，價值則泰半是商業取向的輕文化。剛從赤貧中走出來的十億大陸人接受這種以強勢的聲光媒體所傳遞的輕文化，對全體中國人而言，固然有扭轉意識型態之功，也更有加速文化的浮薄化之害。

兩岸交流的現實，也許正在逼著我們面對一個問題：歷史將怎麼定位臺灣對中國文化的功過？

一九九三、一《文訊》雜誌

# 王丹出獄

中國歷史上唯一堪稱思想界百花齊放的時代，是春秋戰國，那在民族的襁褓期便已經迸放的百家九流、繁花異卉，使得往後漫長的兩千多年相形之下不但黯淡失色，甚至每每顯得陳腐難當。

說是民族的早慧現象當然也可以。所有我們的思想流派都可以溯回先秦，而那是五霸爭強七國逐鹿的時刻；一如所有的西洋哲學源頭都在希臘，正是一個城邦紛立、思想的國度卻沒有疆界的時代。

早慧的眞正原因，因此不在其早，而在那文化童年期的自由。諸國紛紛的現象使得此國不留有彼國可去，異見爲當道所不容時也往往有人不憚爲之緩頰——微妙的國際制衡製造了異見者的生存空間，華夏民族的智商在這樣的空間條件下，注定了是會人才輩出的。

因「六四」被捕的民運學生中最受矚目的王丹這兩天獲釋，而在一九七九年被捕的魏京生仍在獄中，五十年代入獄的胡風曾繫獄更久，原因便是因爲王丹的時代比魏京生、比胡風都更有國際制衡，諤諤之士也在某一個意義上得到了更多「遊走諸國」的空間。

王丹出獄後接受媒體訪問，表達的願望第一是回北大念書，第二便是「到香港或臺灣訪問」——他要看看這兩地政府的民主發展。「兩岸三地」近幾年提供了大陸的異議者最好的「遊走」空間，在文化意義上好過美國，也好過法國。美法提供的是較有力的國際支援，然而，對異議的寬容和對比，卻只有在同種並存的社會裏才有作用，才易於產生實質的鑑照自省的刺激。

可是，不知道今天的國際或「兩岸三地」，也能締造出滋長思想的繁花異卉的空間嗎？孔夫子困於陳蔡，栖栖惶惶，莊夫子常常是蔽衣草屨，雖灑脫然而落拓的。他們得到那「遊走」的空間和自由，但因爲不改其初衷，因此不曾得到什麼利祿榮華。布衣卿相、佩起幾國相印，那是另一批「遊走」者的事。同樣的遊走的空間，曾產生過截然不同的人才，而成爲我們的思想源頭的，幾乎全來自那不改其初的「固窮」的一類。

今天臺灣、香港這樣地方的政風和社會風氣，也不知能給王丹之輩多少思考的啟發或借鑑。「六四」的一羣少年英雄，或早或晚地不少離開了故土，散落在自由世界的不同角落，漸漸地都看不見什麼意氣想法了。「遊走」的自由，證諸今日，好像還需要一點別的東西，才足以構成產生思想者的好環境。

不確定那該是什麼。不過，王丹是迄今我們看見的最能堅持的民運菁英。他因爲不肯認錯，所以始終不得獲釋，這回若不是中共爲了討好柯林頓新政府，他大概還在獄中。獄中的歲月，王丹研讀政治、文史的書，讀《美國政府與政治》，也讀二十四史讀《史記》，也讀其他世界名著。對一個有才智有熱血的年輕人如王丹，這樣一段強迫的潛沉，說不定好過紐約巴黎街頭的躑躅失落或臺港的遊覽參觀，這樣一段潛沉，是不是也弔詭且諷刺地，正好彌補了「兩岸三地」所提供的浮泛的自由之不足？我不確定，但有望於王丹焉。

一九九三、二、二十一

# 出征者的士氣

兩岸不開始談，我們建立在經濟優勢上的籌碼眼看著正日日在減少；兩岸要談，我們在政治上客觀存在的弱勢又一時並無轉機，談與不談都難。先從「民間的」、「事務性的」項目談起，不失爲謹愼的第一步，不過，這回歷史性的「辜汪會談」的結果，雖非一輸一贏的「零和」，也難說是各取所需的「雙贏」。我們的主帥和大將，內外交迫之際，一個說「下次沒有我了」，一個說「爲什麼我要當炮灰？」決策不敢冒進、授權沒有彈性，卻得設定會談目標，大後方則是草莽民主式的多音喧嚷，會談終了能有一點成果，已是不易。

然而接下來會有更多的後續會商，怕的倒是，以這樣的後勤條件來支援日後的會商，我們的前路，難說不會是在走向「零和」的負方。

從前讀過左宗棠平定回疆的一個故事：

班師西征的左將軍經過華北一個小鎭，看到某戶人家門前高掛著「天下第一棋士」的招牌，棋士自謂平生未逢敵手，左將軍看到這樣狂妄的口氣，便命人布棋，要跟棋士對弈一局，棋士若輸了得拆下招牌。這一局終了，棋士服輸拆下招牌，將軍意氣風發地繼續他的征途。

左宗棠在隨後的戰役中綏靖回族、擊敗俄人，收復了天山南北路。班師回朝的路上，特地再去看看那棋士，這時卻見「天下第一棋士」的招牌又赫然高掛著。左將軍動怒了：曾經是自己的手下敗將，如何敢自稱「天下第一」！棋士謙卑地要求再對弈一局，這一局，他一下就將了將軍的棋。左將軍不明白，這樣高明的棋力怎麼前次會敗給自己。棋士的答案很簡單：當時將軍在出征的路上，勝了「天下第一棋士」的棋，必可以士氣高昂地上戰場，老夫自甘落敗；如今將軍已經凱旋歸來，也是老夫扳回一局的時候了。

這樣的故事，眞實性當然存疑。如果是眞的，反映了一個以棋術爲令名的弈者，爲了使出征的將軍士氣得到鼓舞，不惜佯敗自毀英名。故事如果不是眞的，也表示在說故事者單純的意念裏，出征的將軍需要所有可能的精神支援，一介弈者，也可以在征人的赫赫戰功裏扮演一個舉足輕重的角色。

這樣絕對的愛國主義不能期之於今天了，一個爲國征戰者的成敗也無法眞建立在這樣的精神支援上。但是，如果客觀上授權不足、籌碼有限的困境無法突破，個別地還可能要背負

「臺奸」嫌疑加上血統論的原罪指控，臨場更有種種不可預料的肢體擾攘，則我們的將士未免精神負擔太重，行事困難度太高，相對地處於無可施展的劣勢。

決策者和執行者之間的協調，執政黨和在野黨理念間的溝通，在眼前看來都是阻阨重重，這個局面不改，我們不會有士氣高昂的出征者。海基會成立不到兩年半，已經換了三位秘書長。經常換主管的單位尚且註定了要失序，經常換將的戰場，如何可能打贏？我們多半學不到在左將軍征途上那位棋士的境界，但他的故事的道理，還是成立的。

一九九三、五、二

# 輯五

## 在沉寂與鼎沸之間

民意篇

# 在沉寂與鼎沸之間

四月十七日，所有院轄市以上的議事廳都沉寂下來，而臺北的街頭鼎沸。在沉寂與鼎沸之間，時間因壓縮而發出巨大的能量來。十幾個小時中，執政黨本來絕無彈性的修憲條文忽然有了彈性，在野黨在議場裏打得頭破血流都得不到回應的問題也忽然便有回應了。

更有趣的是，在這之前，眾人都說不知道抗爭訴求的是什麼，現在好像也就知道了。所有這些現象，無非都在鼓勵街頭抗爭，無非都在證明議事的無力，無非都在暗示，我們的社會還是一個不能講理的社會。

當然，我們也可以換個方式，說這不證明我們不能講理，而是肯講理（訴諸議事）的一方迫得向不肯講理（訴諸羣眾）的一方妥協，是逼不得已的結果。

也許罷，是沉寂的議事堂向鼎沸的人羣妥協的結果，是逼不得已。

而使我覺得饒富興味的關鍵也就在這裏了：爲什麼我們總要弄到一方逼上街頭，另一方才逼出妥協呢？我們的執政黨豈不知道修憲條文中的總統緊急命令權和國家安全會議、國安局、人事行政局的認定都不是程序問題而是實質問題，違背了第一階段僅作程序修訂的宣示！既知道而夾帶這些條文，夾帶這些條文而又訓令黨籍代表必須全文通過，無轉圜餘地，其間欲藉講理的場所（議堂）來作規避講理之事（靠多數票決通過）的企圖也就很明顯了。

我一向反對民進黨的肢體暴力，但是，如果執政黨的「多數決暴力」習慣不改的話，「肢體暴力」的逼不得已的性質會逐漸得到訴求的空間，倘若民進黨訴諸肢體暴力的必要得到了同情，而又逐漸能控制暴力的限度（如這次遊行之未釀成流血），則每一回這樣的交鋒都會給了民進黨多一分「到執政之路」的籌碼。

但是，多數決暴力行之有年，執政黨本身也長久懵懂於其間以講理爲表，不講理爲裏的本質。這種懵懂，一不小心便會流露出來。十七日當天，遊行還沒眞正登場，郝院長到一個研討會講話，已經預設了反對人士是在「以暴力破壞民主」，而李總統則在執政黨中常會中呼籲朝野「以理性態度公平競爭」。一位是脫離了本身的客觀立場來作預估性的譴責；另一位則忘了，一日執政黨掌握著沒有民意基礎的多數決，便一日不可能有所謂的「公平競爭」。這種說法，就己方來說是矇於實際，對彼方來說，差不多是引人反感的風涼話了。

多數決暴力的心態，又豈止在面對反對黨時爲然！在十七日以前，執政黨立委趙少康、黃主文都提出過把國安會等憲法「違建」機構列爲修憲中的過渡條款，以避免造成實質修憲的口實；十七日當天執政黨國代洪英花也準備提出修正案，但都得不到黨團的支持而成爲黨內孤單的少數。這些同黨中講不成的理，卻讓反對黨藉肢體行動講成了，若是沒有更大的反對黨，這些同黨的少數，難免一想講理就變成異端吧！

當議事廳沉寂而街頭鼎沸，朝野除了學會避免流血，更重要的恐怕是回頭調整心態，學習講理。

一九九一、四、二十一

# 「一極集中」

國建計畫說要打破大臺北的「一極集中」現象。也有人說，「打破」云云，是說來容易做來難，這「一極」，面積占不到全臺灣的百分之七，人口卻超過全島的百分之二十八，經濟資源占了三分之一以上，文教設施更囊括了大半。如此的集中，要打破，談何容易！

集中到這程度，要重新取得均衡，誠然不易，但可能也不如想像之難，因爲以臺灣面積的有限和今天資訊交通的發達，恐怕，只要有心，流通是比封閉更容易做到的事。一旦快速的交通網建立起來，文教投資有了較平均的分布，寡頭的現象是必然會改變的。十幾年前，有人寫文章，疑惑怎麼老是中南部的機構在請人「南下」演講開會什麼，「疑惑」之間，不無幾分北部人才不假他求的自得。不過，這情況，在高雄有了第一所國立大學之後，一面倒的情形便不如是之甚了，十幾年來，北部的文教活動也不斷得邀請南方的重鎮人才支援了。同樣的，十幾年前的高雄，整個百餘萬人口的大城連個像樣的演奏廳也沒有，當然也不容易有什麼國際級的表演活動光臨。這情況，十年來也隨著文化中心裏演藝廳的落成而改觀，同樣的國際知名樂團來演奏，十年前和十年後的門庭判若兩樣。成立一所大學或設置一個演奏廳，基本上都只是硬體投資而已，然而，有了硬體投資，人才才有所依附，然後才可能形成文化氣氛，打破別處的一極包攬。

高雄的文化投資，事實上，卽使是近十年，跟臺北也全然不成比例，然而，文化投資是一種具備了不可預測的發酵能力的投資。更具體地說，多少農業投資產生多少農產品，多少工業投資轉換成多少工業實力，可能都跟預估相去不遠，我們卻很難測出一個白鹿洞書院爲中原文化的南移產生多大的影響，或者一個蘇東坡一個韓愈的謫居，對荒僻無文的當地意義多麼深遠。文化投資，只要是做了，必然能見其功，假如高雄也有一個中央圖書館，也有一個故宮分院，也有一個規模差可和臺北的兩廳院相捋的音樂廳、劇院，可以想見，這些文化投資的發酵能力絕不是數字所能預估的。

不過，談到集中的現象，我們先想到的似乎都是大都會的集中，因此臺北總是拿來和同在西岸的臺中、高雄比，比的結果，不難得出這樣的結論：工業是越南越「重」，文化是越南越稀薄。我們所忽略的是，臺北、臺中、高雄既是大都會，大都會有其經濟力帶來的都會活動，略略可以彌補一部分文教設施不足的欠缺，大都會也有其工商重要性或人口數量的優勢，使得政府在作新的投資時容易先被考慮到，在人才遷移的優先順序上，也具備較大的吸引力。

更吃虧的，因此，不是與臺北相對的南部，而是與西部相對的東部，臺灣的一極集中，與其說是集中於北部，實在不若說是集中於西部，當我們考慮到全國的十七所大學沒有一所在東部，各種文教院、館種種，東部都還付諸闕如，要論經濟生產，恐怕東部占不到百分之十，而中國知識分子，自來是喜歡依附於大都會的，怎麼樣使東部得到吸引人才的文教據點，因而顯然是更迫切的問題。

幾千年來，中國文化整個是一個南移的過程，主要出於歷史因素。但，看來不會有什麼歷史因素來促成臺灣的文化重心東移或南移，全面的規畫和促成因此更有其必要，國建以此爲重點，值得我們寄以厚望。

一九九一、八、四

# 是大選還是公民投票？

華盛頓郵報打出標題，說臺灣這回的大選等於是統獨問題的「公民投票」。這樣的預估，恐怕太樂觀，因爲沒弄清楚臺灣選民的投票行爲和候選者的競選訴求之間並沒有那麼清楚的關聯；而同時又太「悲觀」，因爲以爲靠這麼一個投票就統獨「走向」底定。

距離投票日只有五天的時候，《聯合報》的民意調查仍顯示選民中超過百分之六十不知道各黨的訴求。在電視臺距投票只有三十六小時所作的街頭採樣中，多數被問到的人都仍不知「不分區國代」是什麼（這也就表示他們不知道自己的一票不只是投給所圈選的那名候選人）。稍早的電視訪問則顯示，有不少人不知道這回國代選舉的重要意義何在。這些調查的選樣和結果儘管還值得進一步分析，不過，它們也共同地顯示出一個問題：儘管這是第一次，統獨問題在競選政見中搬上了檯面，卻並不表示這樣的政見歧異對選民的票有多少決定作用——選民的一票在這種情形下與其說代表了他的理性認同，毋寧說只代表了他的感情好惡，而這「好」或「惡」中，有針對個人形象的，有針對以往的議場文化的，有表達自己對現狀的滿意度的……要把這一票解釋為認可統或獨的公民投票，不免是一廂情願而且危險。

眞正的公民投票得是針對單一問題的投票，而且投票的人清楚地知道他在為什麼問題投：他知道一票下去會決定了市政廳要不要重建，或某一類繪畫作品可不可以展出，或小學學區要不要重劃……這一票是一個二選一的表白，而且表白的結果會有一定的效力，會成為決策的一個依據。

當我們的選民甚至不確定自己是在選人還是選黨、選形象還是選政見的時候，他投的票，如何能直接解釋為公民投票！

在我所住的這個城，隨著投票日接近，乍陰時晴的天候裏，滿城招展著宣傳旗幟和海報。候選人有聲嘶力竭的，也有聲淚俱下的；有人在冷冷的風雨裏把自己手鐐腳銬關在鐵欄中遊街；也有人在艷陽下放起哭調，一路悲戚地哀歌；還有人有專屬「鼓譟隊」，職司夜幕中到對手的政見發表會去鼓譟……這些現象，我們可以搖頭，也可以微笑，還不妨會心——因為當中清楚地顯示出來，候選人曉得，最能打動選民的，不是理性的解析，不是知性的判斷，而是感性的訴求。被囚車或哀歌所「感動」的選民，哪知道他正在作「公民投票」呢？

這樣的投票層次，當然，跟民主的理想還頗有距離，卻也顯得這樣的距離，讓我們一眼可以看清楚，一次民代選舉絕不等於「公民投票」，儘管「投票」的都是「公民」。

一九九一、十二、二十二

# 行不得的高速路

新年以來，一有連續假期，高速公路就堵成停車場。今年春節期間，高速路曾創下了二十四小時無「尖峰」無「離峰」的塞車紀錄，蔚爲奇觀。這兩天正逢春假，掃墓的、返鄉的車潮又把高速路堵成低速路，原來設計爲每小時走九十、一百公里的通衢，現在只能以二十、三十公里的速度蠕動。

高速路的設計，由於沒有橫向叉路、沒有紅綠燈，本來是不論車子多寡，只要上得了路，而且照規定的速度開，就一定可以暢通的。其所以會堵，只有兩種情形，一是出了意外，二是被卡站擋住。這兩種情形，其實道理相同，就是有外在的因素造成瓶頸，使你不能「照規定的速度開」了。意外是不可預料的，受到天候、事況、個別的駕駛技術和行車道德所左右；但卡站卻是充分可以預期的，高速路從南到北十個收費卡站，在車流量大的假期，即使沒有任何意外發生，它們也必然地發揮擋路製造瓶頸的「功能」。那在假期裏把成千上萬的車子堵成噴廢氣的長龍（因而浪費能源、製造汙染），把寧願守法的人逼上路肩違規駕駛（因而損害公信）；把無數旅人困在車陣裏浪費他們難得的假期（因而也可能耽擱要事）……的，禍首便是收費站。

高速路的管理當局因爲知道收費站的關鍵性作用，有許多年都在連續假日停止收費，那許多年，也是我這樣在假日裏常常南來北往的人最能證明其德便的。去年春節前，財政部爲了增加稅收，一度宣告要恢復收費，輿論譁然以爲不可，王建煊部長也從善如流，及時在新年前批示緩議。那年的行人，多得了一個好「過」的新年。王部長暫緩的條件是，等日後裝了電子收費器，收費速度增加再行收費，這不失爲一個講理的作法，也顯示王部長瞭解到一個決策和它的周邊設施、預後考量得有通盤配合。

然而，今年春節前，輪到交通部跑出來要恢復連續假日收費。財政部著眼的是稅收，只是金雞的蛋，交通部直接是收費單位，要的是金雞本身，因此動機強烈。簡又新部長一有收費之諭，所屬立刻密集宣導，說是只要疏導行旅「避開尖峰」，在「不同時段」上路，就不會堵。今年春節，大概不少人乖乖地「分散時段」，各自按他們的智慧和經驗以及可能的運氣找可以上路的時間。後來的故事我們都知道，就是那二十四小時高速公路塞車的奇景；那二十四小時裏，因爲內急而只好下車到處找隱密處「方便」的人，成爲媒體上同情之餘的笑談，那四百公里長龍所噴放的汽車廢氣，我們全島島民的肺大概也都分享了一些。

這件事，民眾所遭受的不便就算是小事吧，決策層顯示出來的決策盲點卻絕非小事：其一，在同一件事的考量上，甲單位在決策時並沒有從乙單位或本單位的前任借取經驗，尋求諮商，已經避免過的錯誤因此可能換一個單位換一個主管便不能避免。其二，決策往往在沒有周邊配合時率爾提出或依然堅持。在春節的慘痛經驗之後，簡部長也承認收費站是問題，表示要將若干收費站擴充為兩倍閘道以利通行。既然如此，在作這種改善之前就應該在連續假日暫停收費。簡部長卻不作這樣的政策修正，這是所以這回春假又堵，往後也必是一日不改一日會堵的。而這也正是簡部長應該向王部長學習的地方——王部長知道癥結在收費站後，他的決定是，在設電子收費器前不恢復收費。其三，交通部的決策者和幕僚竟然全未體悟到「計畫流量」之為空談，當在短短幾天假期裏必須上高速路的車那麼多，可耽擱的時間又那麼少的時候，以為告訴大家「半夜上路」比較好走就可以使日夜流量平均，其謬誤和計畫經濟、計畫教育的不可行，其實如出一轍。

小小一個高速路收費的問題，也許也正可看出許多施政癥結的一端。

一九九二、四、五

# 民意的遊戲

我相信很多人都跟我一樣，並不知道怎麼計算公民直選（注）有多少民意支持，更不知道支持的人各自是在什麼樣的前提下支持。這個在只有民進黨提出時並看不出多少「民意」的口號，因爲突然得到了執政黨黨主席的首肯而民意大增。「民意」，明明白白地證明了自己是一個可塑性非常高的東西，它確實像流水，一忽兒向東一忽兒向西——只要有人開了水道給它流。

這個事例當然大大鼓勵了在野黨。他們發現民意既然這麼可塑，又已經這麼戲劇性地得到了貴人相塑，如今必然滿街浮游著民意，只要召喚，就會應聲而來。於是他們相約在四月十九日那天，到街上去把「民意」都找來歡聚一堂。

他們像要出城去郊遊的小朋友一樣，準備了吃的喝的，召喚各地的民意一起到我們最繁華的城市、最熱鬧的街道來溜達。那天，很奇怪地，許多「民意」都沒有出現，最直截了當的證明，是他們準備的一萬五千個便當，有好幾千個到了那天的夜暮時分，躺著靜靜發餿變臭。

也許這並不表示民意不多，只證明貪吃便當的人不多罷了。他們尋找民意的心意並沒有因此動搖。他們於是跑到羣眾最密集——理論上也是民意最密集——的火車站前去等待。《等待果陀》是一齣悶人的荒謬劇，「等待民意」似乎也是。他們兵疲馬困地等，吹風淋雨地等。不是說羣眾就是民意麼，在羣眾這麼多的地方，卻獨獨不見民意湧出。倒是被吵得受不了，找他們理論的「民意」出現了，被擋路擋出怨氣，要燒他們的旗幟的「民意」也出現了，等待者把這些「民意」抓來仔細端詳，認定他們都不是「民意」，這些民意於是被拳打腳踢一頓趕出去。

所以我們哪個也不知道自己是不是民意，不知道民意究竟怎麼計算。有些民意是民意，即使不會出現，也被認定正像幽靈一樣在滿街游走；有些民意，即使跑到跟前四目相對了，也可能被痛打一頓否決掉。

這場等待民意的戲，演到第六天，終於鬧成了警力驅散的局面，警民雙方各自掛了一點彩。警方說，民意受不了了，再不驅散對社會無法交代。等待者說，民意是和我們站在一邊的，我們這回暫時叫停，下次再來。這看不見的民意，不是幽靈是什麼呢？它縱然沒有實質的生命，卻充滿了語言裏的生命，像神案上供奉的神明，雖然沒來吃便當，有人硬是相信祂在。

原因其實簡單不過，純粹因爲民意是那麼「可塑」。塑造民意、尋找民意、等待民意是現代民主三部曲，我們只要一不留意，它就演成連續劇，這回只是剛好收視率不佳罷了。

一九九二、四、二十六

注：「公民直選」是相對於現行的總統由國民大會選舉的「間接」辦法而來的。在國民大會的修法過程中，執政黨以維持間接選舉，在野黨則以直接選舉為訴求。但是在會後的發展中，「直選」忽然得到執政黨高層的支持而逐漸變成兩黨「共識」。

# 撤換王建煊？

同一天的報上，全國三大民意機關都在杯葛財政部長王建煊，說王部長按實際交易價格課徵土地增值稅的主張「不當」，應該下臺。甚者還有要組團「上告」，要求總統「撤換」王部長的。

另一個版面上，林洋港院長在一個宴請傑出青年當選人的早餐會上，諄諄告誡他的影星偶像成龍：「千萬不要演反派角色」，他說，免得給大眾「樹立壞榜樣」。龍兄唯唯，說絕不「變壞」。

阿港伯或者沒想到吧，一心做好人，不演反派角色如王部長者，原來也會「樹立壞榜樣」。不然怎麼惹得議員、立委大人們都紛紛攘臂揮拳，要代表我們小民來拱他下臺？

這事的教訓是，榜樣之爲好爲壞，實在由不得爲者演者，跟觀者評者的關係才更大得多。也就是說，一個人，要從別人的行爲得到什麼「榜樣」，主要看他自己是什麼樣的人，或者，是什麼人。看到一個地主惡霸的角色，另一個地主可能見惡思齊，變得比他還壞；他的兒子可能見惡思過，開始反省自己的行為；他的佃農則可能見惡思痛，立志做革命家或改行去當稅官……。民意代表對一個部長的主張或決策要作什麼樣的反應，因此可以充分預期會是五色雜陳，各自因為他自己的角色是「地主、兒子、還是佃農……」而定。

問題是，我們現在的民意代表還有幾個是「佃農」呢？而當他們都不是佃農而百姓大眾卻泰半是「佃農」，他們的代表性在哪裏呢？

王部長按實際交易價課徵土地增值稅的主張，一點錯都沒有。我們要求一個人拿了薪水按薪水繳稅，賣了一本書一張桌子按賣得的書錢桌錢課稅，但對於有土地可以交易——也因此是比有薪水或有書有桌子都更加有財的人，我們卻說，他賣土地的所得只要課三分之一或更少的稅就可以，因為土地買賣除了實際交易價外，還有一個所謂的現值「公告價」，賣得三千萬的，依據公告價可能只要以一千萬繳稅，這位明明得款三千萬的人，所以一聽說要按三千萬所得繳稅就起反彈，不是繳不起，也不是不該繳，純粹是因為按照不合理的課稅法可以獲利更多，純粹因為反彈了就有可能更大幅度地保有既得利益。

因此，記者們幫我們調查到的現象是，產業界都贊成王部長的課稅原則，財團、房地產業則反對。同樣的，學界大多贊成，民意代表則大聲反對。說王部長是好人的和認為王部長壞到必須撤換的，各自代表了什麼樣的立場和原則，也就清楚了然。諷刺的是，不願意被課稅的人差不多都比願意的人更有錢有地，更付得起稅，當他們所代表的聲音得逞後，我們的社會當然也就無可避免地要更往貧富差距拉大的路上走，王部長這個好人的「壞榜樣」，有趣地幫我們凸顯了指摘者的代表性和指標作用。

成龍要不要演反派，說實話，我不十分在意，但是王部長倒應該做民意代表心目中的「反派」，不然我們還眞看不出我們的議員立委們原來那麼沒有代表性！

一九九二、十、四

# 「泛道德」平議

李總統爲徵收土地交易增值稅所引發的「倒王（建瑄）」、「擁王」風波發表談話，訓示國人「不要泛政治化，也不要泛道德化」。「泛政治化」顯然針對的是倒王派牽扯省籍情結、李郝關係等而發，「泛道德化」則是對擁王派的社會正義訴求而發。泛政治和泛道德就名詞上來說，當然都不好，都該避免。但是這樣的評判，到底不免先不問曲直，各打五十大板之嫌。

我們的社會早已經什麼都牽得上政治，一有話題，就開始區別流派、猜測動機、製造對立。這樣氾濫無歸地政治化下去，當然可怕。道德則是完全不一樣的事。眼前這個社會的「道德」，本來就稀薄得像高山上的空氣，土地增值稅案的大眾反應，只是對一個切身的公眾事務和政策理念的回響，稱不上泛道德。或者就算泛道德吧，這樣偶一「泛」之，恐怕也還是取法乎上得乎其中之道，勉強或能形成一點大眾對公平信念的關切。

道德本來貴在自發。因爲看見不平而尋求公平，看見不義而尋求正義，公平正義的信念因此得以在自省深思的基礎上建立起來，形成有根柢的社會道德。支持王部長增值稅政策的大衆，正表現了對公平正義難得的自發性的關切，應該是主政者所最樂見的事，豈可以之與「泛政治化」並論，一竿子打翻！

從這樁泛道德話題，也不免使我們想到最近司法院林洋港院長承李總統之命正要推展的一個「道德重建」運動。道德因爲貴在自發，其實很難出於想「重建」的主觀意念就「重建」起來。但是我們的傳統特別多見這種在上位者要「爲天下式」或「風從草偃」的道德觀，以爲道德眞可以靠一個運動來造就。要說泛道德，這恐怕是頂泛道德的想法。不過，不管怎麼樣，倘若我們的最高當局對道德重建有這麼大的關切，便也應該看出土地炒作和金權橫行已經造成了什麼樣的社會危機，「擁王」的大衆所顯示的社會關切又具備了多麼切需的社會道德的反省。

這兩天，王建煊在滿坑滿谷民衆送到的鮮花堆中提出辭呈，王部長的幕僚部屬都覺痛心不平，有人甚至對著攝影機老淚縱橫。我們不免要想，倘若不是支持者和反對者都被拿來各打五十板，王部長或還不至於要面對失衡的官場正義，也不至於痛心到要求去吧！

稅該怎麼收才公平，本來是純事理，不管是達官還是小民，都可以就事論事。主張該收的稅要收，無論如何不是泛道德。這幾天引申出來說土地稅等於沒收農地，將造成廣大農民哀哀無告等種種怪論，已變成重度不分事理的橫議和泛情緒化的煽動。我們今天問任何一個有農地而且願意賣的人，都可以確定賣地所得即使捐出半數都依然是巨利，更不要說土地增值稅所針對的並不是農民，而是一手手轉賣牟利的炒作者。這樣的稅爲什麼不可以收，其實是每一個反對者都心裏有數的。

土地增值稅事件所以會形成這樣大的爭議，癥結主要在既得利益者爲維護利益不惜製造曲解，從這點來說，我們的社會頂需要的，確實是道德，但不能是「運動」出來的道德。

一九九二、十、十一

# 哀　兵

執政黨發了一百二十五張推荐書給年底立委大選的候選人，其中有二十七人是未經提名後來報准的。這些被「推荐」的報准人中，金牛有之、臨時入黨者有之、初選得票落後者有之、言行受疵議者有之，獨獨趙少康、王建煊兩位黨齡在二、三十年以上，操守能力都廣受肯定的參選者，苦苦等候而等不到「推荐」。趙少康在登記截止日坐在臺北縣黨部門口等到最後一分鐘，失望而歸。

趙少康曾是立院的「金童」、環保的「大力水手」；王建煊則多年來是財經界最堅守原則的「小鋼炮」。這些封號背後代表的英雄形象，在這回的選戰前夕，差不多都瓦解成了哀兵。

坐在門口「等到最後一分鐘」是哀兵姿態。一再表明對國民黨的忠誠，雖無欲而竟不能剛的「小鋼炮」，也是哀兵。趙王兩人原本都是強將，民意調查的結果，兩人受支持的程度都足以得到壓倒性勝利，然而卻成了哀兵。這背後有選舉文化的問題，有政黨提名制度的問題，但更關鍵的，恐怕也因爲趙少康、王建煊都還是多情的人，對自己的黨惓惓不忍相失，對身受的問題期期不能暢言，加上還要對對手溫柔、對異見敦厚。我們的文化傳統，加諸於稍微愛惜羽毛的公衆人物的局限極大，春秋善於責備賢者，因此成就了一個沒有辯論、是非模糊的文明。政治人物遊走在那模糊而欲有作爲的邊緣上，從輔弼蜀漢的諸葛武侯到中興淸室的曾胡左，莫非哀兵。

這樣多情溫柔而至於成哀兵，在歷史上是一種必要，在今天這樣一個萬事都在「轉型」的時刻，最大的意義卻說不定只是「難得」了。哀兵不一定取勝。當政治人物出口便罵、見麥克風便摔、見利益便掛鈎的時候，繼續背著傳統包袱的哀兵處在這麼「多元」的現實政治裏，其實是相當「一元」的。多元而莫衷一是的思考方式和價值取向，使民意的走向難測。王趙兩人今天所能掌握的民意能不能持續到選票的考驗時刻，其實也代表了民意對政治人物自願背著的傳統人格期許，能給予多麼持久的支援。

剛落幕的美國總統大選，布希和柯林頓在競選時可以肆無忌憚地互相指摘，並無妨於開票後大勢一底定，兩人立刻握手言歡，許諾一個順利的權力移轉和經驗傳承。這是成熟的民主的一個範本。我們的政壇人物之肆無忌憚者這兩年漸成怪異現象，而肆無忌憚的背後絕無握手言歡所需的眞誠。形成的現象是，有些人永遠在握手言歡，有些人永遠在肆無忌憚。眞誠或理性的聲音愈來愈沒有生存的空間。

大約會有人覺得王趙之輩要有爲，不妨更肆無忌憚些，也有人覺得他們要圖存，不妨更善於握手言歡些。不巧的是，中國官場兩者並存的可能極小，兩者之間的空間又極狹窄。王建煊和趙少康卻只能在這狹窄的空間裏才能多少保留著本來面目和自期的形象。這樣狹窄的空間卻必然使他們左支右絀，無法不成哀兵。

給這樣的哀兵多一點空間，或者也竟是今日政壇的一點希望了。

一九九二、十一、二十二

**後記**：此次大選於十二月十六日投票，趙少康、王建煊分別以全國第一、二高票當選。哀兵取勝，也說明了民意的指向。

# 失去了反對黨

反對黨的定義之一就是職司「反對」。因此，民進黨對一個施政並無過失、民意也相當支持的閣揆事事杯葛、樣樣反對，雖然是乖張無理，倒也並不奇怪。

眞正奇怪的是，這樣乖張的杯葛和反對，竟能得到執政黨最高決策者的全力配合，對「本黨同志」的閣揆，幾乎是以一人決策的方式，必欲去之而後已。這樣的作法，大悖政黨政治之常情。滿街百姓，有如站在十字路口而發現紅綠燈錯亂成一片，從決策到議事堂，何者是反對黨，何者是比反對黨更「反對」的「本黨」，看得眼花撩亂，莫知所適。

在輿論發達的國度，爭議性大的措施出現時，往往形成所謂的 national debate，全國性大辯論。這次的閣揆總辭（或以個人形式辭，如「總統府方面」所一度希望者），引起的議論，範圍之廣，幾乎無處不在；層次之高，已使執政黨瀕於分裂。這樣的大辯論，是最強的民意、最立即的提醒。負責任的執政者，不能不從中讀到應該改弦更張或圖謀補救的訊息。

或者也可以說，一個決策性的措施形成大辯論時，便也考驗著一個政府民主的程度和決策者納諫的氣度。卡特政府決定與臺灣斷交時，我正在美國，很能感受到輿論制衡的力量和一個成熟的民主體制面對反對意見時的胸襟。其後臺灣關係法的訂定，便是美國政府彌補之一端。這個事例，比諸最近韓國這個所謂「兄弟之邦」與臺灣斷交後，韓國輿情的率爾默默和韓國政府的隨之要求僑校商家降旗等作法，特別能說明，輿論的功能不僅反映一個政府的民主程度，也更在發揮羣體的正義感，導正一個社會的道德走向。

然而，對決策者的糾彈導正，最重要的力量應該是反對黨。此所以成熟的反對黨是民主的最大保障。諷刺的卻是，我們最大的反對黨正一次比一次更驚喜地發現，他們想促成的目標，往往得到執政主流的大力支持，他們已經不必「反對」執政黨，而只要鎖定特定的異己「反對」到底就會有志竟成。我們還有其他的反對黨，比如說勢單力薄的社民黨，但是社民黨的黨魁朱高正洋洋灑灑寫了一篇諫言，隨即被執政黨發言人斥爲「外人不要管國民黨的內部事務」。執政黨至此已經沒有一個「反對黨」。我們辛辛苦苦，流了不少街頭運動的血，花了不少反對志士的獄中歲月才建立起來的政黨政治雛型，現在似乎回到了原點——我們重新成爲一個沒有反對黨以資制衡，更難從大辯論的輿情中給予決策者提醒、箴諫和道德匡正的社會。

我們眞希望反對黨不要這樣不自覺地，又萬分弔詭地，失去了反對的作用和意義，我們當然更希望執政當局領悟到自己正在一手促使五千年歷史中好不容易萌芽的反對黨日漸消失。倘若這兩個希望都難以實現，我們或者該寄望於執政黨中形成理性而成熟——而且有力——的箴諫力量，否則，沒有反對或反對而不能成爲理性的制衡，便又一次證明是中國人的宿命。

我們，甘於這樣的宿命麼？

一九九三、一、三十一

# 「多媒體」的制衡

幾週前街頭第一次出現「擁護李郝體制」遊行之後，媒體估計的遊行人數從數千到十萬不等，差距驚人，和不同媒體各自的立場既相吻合，也完全反映了一個報導者的主觀會多麼強烈地左右他的觀察。傳播學者麥克魯漢（M. McLuhan）著名的理論，「媒體決定訊息的內涵」（the medium is the message）得到另一個方式的印證。

十一日晚上國父紀念館裏新國民黨連線的「請問，總統先生」問政說明會過後，也有類似情形。十二日早上兩大報估計的聽眾都是五千以上，其中一家報紙並且說明了計算依據：因爲會場的座位是兩千六百，而當時擠得水洩不通，連側廳、後臺、走道、講臺邊都擠滿了人，所以估計人數超過五千。中午吃飯時看電視新聞，螢幕上說的則是「千人左右」。這當中有四千人不知下落。我好奇打電話給一位曾聽說「要去看看」的朋友，朋友說去是去了，但老遠就擠不進去了，「鎩羽」而返，所以實在不知道有多少人——看來，五千的估計並不誇張，電視臺的一千人卻怎麼來的呢？後來看報導中連線成員周荃指責「三臺都沒派人採訪，現場只有第四臺的人」，才略有答案。當然三臺也不眞的是沒派人採訪，因爲鏡頭還是拍了的，只是「境隨心生」，估計隨估計者心中的願望而自動調整罷了。

我們無論如何要慶幸自己生在一個「多媒體」的時代，喜歡「五千就是五千」的人有報看，喜歡把五萬說成三千的人也有報看，更好的是，看到太荒謬的出入而想印證的人也不愁死無對證。這時代，政治之爲「騙術」而要騙得「高明」實在是有點難了——差不多要高明到「幾乎沒有騙」才行。說郝院長是「自己要辭的」，說謝、孫兩位資政大老「不曾求見」的事，不需「小心求證」，只要幾天的「多媒體」並排一看，有起碼的講理能力的人都是不難一目了然的。

眞正麻煩的是，有起碼的講理能力的人不一定就願意講理，政治到底是「眾人」之事，要騙眾人雖難，要說服自己，可就既無須高明也不特別困難。人想要不講理，有的是讓自己接受的辦法。媒體，因此繼續會「決定訊息的內涵」，讀眾越小，決定訊息的裁量空間越大。個人也一樣，牽制越少，越不必講理，越易於自蔽。最終的救濟，得建立在互相制衡的媒體和互相制衡的個人數量和品質上。

因此，在這一番因逼退閣揆而起的政局不安告一段落之際，儘管大老們都「相忍爲國」，不欲多言了，我倒樂見「中壯代」仍有高昂的聲音，不流於粗鄙、不訴諸激情，在這多媒體時代所提供的空間裏，也相對地提供最大可能的制衡，用這樣的制衡來促使不肯講理的人講理，也用這樣的制衡，使自己是眾聲之一，接受制衡，免於自蔽。

天底下諸多美麗的語言中，最讓我感動的之一是傑佛遜總統說的：「在有政府而沒有報紙和有報紙而沒有政府之間，我毫不猶豫會選擇後者。」傑佛遜是美國歷史上受報刊攻訕、譭謗最烈的一個總統。然而，正是因爲領袖人物表現了這樣的胸襟，才有爾後美國的富強與盛。這箴言，是給媒體的，也更是給政府的，我們幸運地生在兩樣都健在的時候，更幸運的是，當有的媒體把五千說成一千時，也還有媒體說五千就是五千，這樣的時代，還值得一活。

一九九三、二、十四

# 輯六

## 消失中的夢土

### 域外篇

# 諾利加悲喜劇

布希總統突然宣布出兵巴拿馬捉拿強人諾利加，理由是他販賣毒品，應受美國法律制裁。

兵出到了三萬兩千人，再加上一百萬美元通風報信的懸賞，諾利加仍好好躲著。熟知諾利加的人說這人滑溜（slippery），總是能脫身，不過這回美軍的雷達四布，除非他能不跟任何人通訊，否則不會偵測不到。

諾利加也知道躲不過，他把自己送到教廷的駐巴使館請求政治庇護。美國人意外地省下一百萬賞錢，許多大兵並且因此得以高高興興回家過聖誕。

可是對天上的父和地上的美國總統，頭痛的事這才眞正開始：教廷一向對請求庇護的人最盡責，百餘年來從沒有交出過一個上門求救的人。諾利加看準了教廷的弱點（還是強點？），把一場官兵捉強盜的戲碼一夕之間變成了政教之爭。世界上最大的教權和最大的政權，到我提筆的這刻，已經經過幾晝夜的談判，還得不到任何結果——當然是因爲「政」和「教」都不肯讓步之故。

即使在對美國最有利的情況下收場；諾利加眞落到接受美國法庭審判，美國要面對的問題仍够棘手：諾利加是美國政府一手扶持坐大的，和中央情報局的關係尤其密切，一旦交付審判，不怕他抖出手中的機密或者他的律師要求調閱列管文件，讓美國人「好看」麼？布希總統對這點似乎很鎭定。說不會有事，我們只針對他的販毒事實起訴，不涉其他。布希自己當過中情局局長，敢這樣篤定，倒是美國之幸，不過我看到的各類訪問和報導，幾乎沒有一個人像布希那麼放心——美國，眞敢讓諾利加面對審判麼？

更麻煩的也許是美國對自己跑到外國去捉拿外國人犯怎麼自圓其說——美國法院有過兩個判例裁定政府可以到外國捉人，這是於法有據——但這又置國際法於何地了？聯合國憲章可是承認每一個國家都有主權的。

可是聯合國憲章和美洲國家組織憲章也都說各國爲「自衛」有權宣戰啊——是麼？美國不過死了一個陸戰隊員，在哪個基礎上構成出兵「自衛」的條件？希特勒當年攻打捷克的時候也說是爲了「自衛」呢！

但是你知道諾利加這人是個瘋子，他前幾個月大選的票都是作假來的——不錯，但人家投票作假干美國什麼事，要美國派兵去打！美國自己一出兵就先在基地替巴拿馬「宣誓就職」了一個傀儡總統，這樣的把戲，難道不也該打嗎？

……

說穿了，美國需要一個穩定的、在巴拿馬運河通行權上不刁難的，也不支持販毒活動的巴拿馬政府，可是，卻弄成了捉不到強盜還迫得爲他去跟「神聖的父」談判的場面。美國政府這兩天眞是給這個滑溜的強人整得方寸大亂了，又拿在諾利加抽屜裏搜到的色情小說大作文章，又跑到他躲藏的教廷使館周圍安裝許多小喇叭，大放約翰藍儂的歌，想「吵」他出來（一說是免得裏面談判的內容被人竊聽）。這齣戲，越上演越笑鬧，倘若最後美國居然起解了諾利加，不難想見，新聞上還有熱鬧得瞧。這個強人諾利加，八成稱不上八〇年代的英雄，但有九成的希望會是九〇年代的第一個反面英雄。

一九八九、十二、三十一

**後記**：諾利加最後還是由教廷交給了美國，羈押迄今。（一九九三年八月）

# 消失中的夢土

據說，十九世紀的歐洲人有兩個大夢，一個是移民到美國去，另一個是實行社會主義。社會主義的夢一世紀來歷經各種考驗和修正——以及某一程度的破滅；「到美國去」的夢卻在全世界各地有增無減。達到這樣近悅遠來的理想當然是美國的驕傲，錢穆先生一九六〇年應邀到耶魯講學，初履斯土時據聞也忍不住讚嘆：「三代盛世也不過如此了。」一時至今天，美國國內當得上賓四先生的讚嘆的地方無疑是越來越少了，然而它仍是移民的天堂，所以如此，主要恐怕還是靠全世界的不樂之土都在增加之故。

不過，美國要挽救頹敗的趨勢，恐怕也有要向其他不樂之土學習的地方。最近法國國際關係研究所的副所長穆瓦西（D. Moisi）在《時代》雜誌上撰文，便憂心忡忡地向美國提出忠告，說美國該向西歐學習建立較大的社會正義感，要向東歐去學習找回因過度的個人主義和消費主義而失去的團結。

穆氏的話說得直率，也不免要被某些人視爲「自我膨脹」，但卻是語重心長。穆氏自謂曾經在美國受過教育，美國社會的開放和活力改變了他的生命視野，它的慷慨大度、政治原則和民主措施都使他感受深刻。穆氏的經驗恐怕也代表了相當多曾經過美國文化洗禮的人的經驗，不過，正因爲這樣的經驗，他說：「眼見美國生活品質的惡化，使我要忍不住失望和憂慮。」

美國城市的黑街暗巷和貧民區固然日成惡瘤，二、三十年前標舉的「大社會」或民權理想今天也仍不曾達致，追究起來，聯邦權限的削弱和消費主義的膨脹都是原因。聯邦權曾是使黑奴得以解放，分離主義不致形成的主要力量，聯邦權限式微造成了新的黑白分歧；而消費主義使美國人只顧買不顧賣，只想消費不願生產，更成爲全世界最大的入超國，國民負債額高築。穆氏說，在歐洲買汽油比美國貴四倍，多付的錢政府用來維持城市的文明面貌，因而無人抱怨。美國人在養成了只想低價享有的同時，如何能不付出慘痛的代價！

穆氏的話使人讀來不免有物傷其類，「行自念也」之感。他說的社會正義包括了承擔合理的義務（如付稅）來增進羣體的福祉，他說的消費主義則是仰賴外來製品而削弱自己的生產力。這兩點，也正是我們這一片小小的領地上正在面對的問題，而穆氏慮所不及，對美國也並不算大問題的，則是我們嗜賭成狂的根性，那其實，正是社會正義感極度薄弱加上消費主義任意膨脹的結果。

我們的賭徒裏倒有不少是把最終的賭注押在「移民美國」上的，彷彿，自己的地方破敗之後總還有美國這個樂園兼收容所可去。可惜的是，使得一時一地破敗的因素，絕不會獨愛（獨不愛）那一時一地，夢土美國也在消失之中，卽使以世界公民自許的人，恐怕也不能不想想這個問題。

一九九〇、十一、十二

# 圍牆之必要

一年多前，全世界的眼睛都興奮地看著東西德人一起跳上柏林圍牆敲打；飛散的磚土象徵了鐵幕極權的瓦解，牆垛的崩塌預告了東西陣營冷戰的終結。廣大的期待使全世界都落入一種歡悅的天眞當中。那是八九年的歲末，我正在北美，常常整夜看CNN的新聞，每天翻整落的報紙，窗外紛飛的大雪應和著季節的將終和新生的啟示。

但是，當時有兩則報導特別使我覺得心有戚戚。一則是西德小說家許內德（Peter Schneider）在接受《紐約時報》訪問時所提出的兩德整合的顧慮。許氏說，東西德在長久的分隔和不同的政治體制下已經形成了兩種文化，圍牆的意義因此不止是一列十三英尺高的阻攔而已，具體的圍牆拆除不難，眞正不容易拆的是心中的圍牆；其次，他說，西德人的樂觀固然來自本身經濟力的雄厚，使經濟力維持雄厚的，其實正是因爲圍牆的阻隔。

許氏的顧慮，印證了發自西德前總理布蘭德的話也許更能看出意義。布氏在一九六一年柏林築起圍牆時正是西柏林的市長，他後來當選德國總理，一九七一年且曾因爲促進西德與東德集團的關係而獲頒諾貝爾和平獎。以這樣的經歷，有誰會比他更因爲圍牆瓦解而欣喜呢？可是當記者問到東西德復合的前景時，布氏卻提醒世人，「統一」也者，不是一廂情願的事，甚至也不是兩廂情願的事，換成許內德的話，就是，「心中的圍牆」不是主觀想拆就能拆得了的，所有的經濟、社會、安全和國際均勢的因素，都要放在一起考量。

我在當時談到兩德分合問題的一篇隨筆中，因此作了這樣一個結論：「事關無數生靈，不是說合就合的問題；事關國土的統一，也不是說分就分的事。如果圍牆是象徵，象徵背後自然還有無數現實的問題。」

不過，這「無數現實的問題」在德國人因期待而生的歡悅的天眞裏全被簡化了；其後的數月間，東西德統一的布署一步步推進。西德總理柯爾不惜以一比一匯率拉平東西德馬克幣值，動用西德馬克挹注東德，以籠絡東德民心，又向西德民眾保證絕不因統一而增稅。去年十月，也是敲垮圍牆後的一週年，東西德正式宣告統一，隨後在十二月的大選中，柯爾的聲望如日中天，大獲全勝，他到德東訪問，民眾夾道歡呼。

然而，至今不過短短三個月，柯爾的聲望已經跌到谷底。德西人發現不增稅是一則謊言，在已經有一千億馬克流入德東之後，這個無底洞還在繼續擴大，他們現在正面對二次大戰以來最高的增稅負擔。而德西人的犧牲是不是增進了德東人的福祉呢？沒有。德東人民發現他們的生活不但不曾如預期的向德西看齊，反而失業率急速上升、謀生無門。三個月前夾道歡迎柯爾的德東人，這兩天在柯爾再度到訪的前夕，舉行一波又一波的大規模示威，罵他是豬玀，「柯爾，你還敢到來比錫來嗎？」

兩德統一的戲劇性的歡欣鼓舞和統一之後戲劇性的沮喪挫敗，對所有類似的分裂政權，都足爲鑑鏡。這個事例的最大教訓，恐怕在於德國人太高估民族感情和統一意願的效用了。「好籬笆造成好鄰居」，在心中的圍牆沒能自然消失之前，民族感情並不會使現實的問題消失。

當這兩日中共外長錢其琛夸夸然談到爲了兩岸統一，臺灣「不需要外交空間」，「沒有資格參加關貿總協」，我不免想到，這位錢先生，他是資深外交官也罷，不是也罷，這樣的姿態只顯示他是一個惡意的柯爾——有柯爾對民族感情的錯估，卻又不曾立足在柯爾以己方挹注彼方的善意上。站在中國人的立場，我們儘管不吝於宣示自己的「中國情」，對岸如果錯估了這中國情的效用，以爲憑了一個貧窮的「大中國」就可以主導統一，國共兩蒙其害的程度必然是要比兩德猶甚的。

在心中的圍牆自然消弭之前，讓兩岸都老老實實承認圍牆的必要吧！

一九九一、四、一

# 親愛的戈比

近來，美國的媒體往往暱稱蘇聯總統戈巴契夫為戈比（Gorby），當然是對他越看越順眼，表示親切的意思。這位戈比，果然也不負自由世界所望，在七月二十五日的蘇共中央委員大會上，宣布在內外形勢的衝激下，蘇聯勢須放棄馬克思主義的基本教條，走上社會民主的道路。

這則消息，在二十五日大會之前已經有人透露給西方媒體，而論者多持保留的態度，因為知道這樣的宣示非同小可，絕對是「動搖國本」的事，「戈比」敢斷然為之的話，必然會激怒保守勢力和蘇聯軍方，引致強烈反彈，造成內部分裂。

然而戈巴契夫不愧是戈巴契夫，他以自己的政治前途和蘇聯的改革命運為賭注，作了這眾人以為不敢的宣示，提出了市場經濟導向的新黨綱。

也果然不出所料，保守派立即斥之為「叛徒」，年底的蘇共全會上，如果他們做得到，必將迫他下臺——資本主義國度裏的親愛的戈比，如今卻是某些他自己的國人眼中的可惡的叛徒，在歷史寫下他的成敗之前，我們怎麼看待他的功過呢？

主宰歷史關鍵的人物，自來就常是功過難定的，因爲歷史有鐵則、有變數、有妥協；天底下所有的事未易察、理未易明，沒有如歷史之甚的了。秦始皇有焚書坑儒之過，卻也有一統六國之功，可是，等時移世易，也有人要問：如果焚書坑儒不是過呢？如果一統六國不是功呢？或者如果兩者皆是過呢？如果秦始皇最大的過失，是使中國自此永遠喪失了成爲一個聯邦國的機會，使思想和體制的一元化（這兩千年來不斷被稱頌的功績）成爲中國人永遠的宿命？

是的，歷史總在跟每一個時代的現實反覆辯難，現實往往使歷史事件「合理化」：希特勒絕不以屠殺猶太人爲非，日本軍閥絕不以入侵中國爲非，毛澤東絕不以發動文革爲非，因爲他們各自面對的「現實」使再可怕的行爲都「合理」，歷史事件如果有不合理的，只能依賴超越現實的鐵則來決定——

那個鐵則，是人道。人道也許也只是一個道德原則，但卻是所有的道德原則中的「母法」，所有的忠孝節義的信條都會因時代的遷移而修正它的價值，唯有人道是永遠不須修正的道德，它因此成爲判斷歷史功過的鐵則。戈巴契夫的改革，先不說已經直接或間接地瓦解了東歐的許多極權體制，就蘇聯本身來說，也再不可能走回頭路了。而所有的極權，不管範圍大小，都是人道原則的逆流。如果我們不能不承認人道是歷史永恆的鐵則，我們也就不能不肯定戈巴契夫已經在歷史上成其大功。

當然戈比會下臺，不一定是今年底，但總有那麼一天，然而可以預見的是，他的努力會使蘇聯的經濟社會有了新的方向：絕對的控制、物質精神食糧兩缺的情況都會改變，古拉格羣島的世界無法再存在……而這些，就是人道。

歷史將來記載的，不一定都是他的成功，但歷史也許也會親切地稱他爲——「親愛的戈比」。

一九九一、七、二十八

**後記**：戈比在這年年底下臺，蘇聯一步步走向解體，也同時宣告了東歐共產集團的終結。

# 取法菲律賓？

有個對直選委選問題一直興味盎然的政界朋友，這天看了報，說，這下好了，張一熙可高興了，來了這麼一個黨工政治學者，說已經死了七、八十人的菲律賓大選「無暴力發生」！這下好了，幫了倒忙了。

在最高當局不惜改弦易轍主張總統直選之際，新科國代張一熙是少數還在力排眾議的最激烈者。這朋友相信張一熙看到有人幫了直選派倒忙會高興，這當然可能。至於我，說實話，也很「高興」。不是高興那位從政治學者變成組工會副主任的蔡政文先生，在執政黨中常會的報告中提出這麼一個怪論，而是高興自己終於弄清我這朋友是喜歡公民直選的。有些人，對周圍爭議性的話題有興趣，但永遠努力作出中立的樣子，要等有一點荒唐事件出現了，他才忽然顯露出立場來——也許是自己也才終於知道自己的立場是什麼了。

我說，好啊，張一熙高興了，你不高興了，可是菲律賓大選死了人還是死了人，從前死得更多，這回要死多少也還不知道——票才開出百分之十呢——這總是實行公民直選的一個活例子，你因爲有人幫倒忙說出眞相而不高興了，是因爲那人說出眞相了呢？還是因爲那人幫了倒忙了呢？

我的朋友不說話，過一會兒下意識地把報紙捲成圓筒，開始跟我談起他昨天在路上倒車時撞了一個消防栓，把尾燈撞破了的事情。我一邊惋惜他的車燈，一邊注意到那張捲成一個小圓筒的報紙現在塞在椅子的一角，這種死了七、八十人的「無暴力事件」論，我總是要找出來看看清楚的。

——對不起，這樣的事，實在是怎麼也看不「清楚」的。

怎麼也看不清楚。不但死了七、八十人，還包括了軍警衝突中被軍隊殺死了十七個警察，連現任副總統勞瑞爾的競選總部都被燒燬，但報告結論卻是「無暴力發生」，至少「總統選舉」無暴力。報告中坦承菲律賓政黨只是「競選機器」，參選者獲選的主要關鍵是金錢，其次是世家關係、宗教、軍隊……可是由於「少見暴力」，所以對開發中國家「有相當啟示作用」……

我越看越不清楚，卻也越同情起我那朋友把報紙捲成一小捲的心情來。我現在手上攤開的這張報紙，全是累累的皺摺，我的朋友在捲它的時候正努力跟我談他的車燈，並沒有意識到自己也同時在努力地，想把一個自己知道絕無說服力也全不合理的說辭，以縮小體積的辦法想像它會因而消失掉。

而雖然道理無論如何看不清楚，不清楚的原因卻相當清楚；政治學者的觀察和黨工立場的矛盾——看到直選的暴力卻得支持直選的政策；不足爲訓的實例卻得當作正面的「借鏡」詮釋——必須清楚否定的只能作「含混」的正面肯定；……都無疑是原因。

至於我的朋友，他其實是沒有必要怪人家「幫倒忙」，以至於自己失去努力維持的「中立」立場的，他也沒有必要把報紙捲成一圈，害我看一張皺兮兮的報，他甚至沒有必要在這件事情上有立場，他的職務並不是政策辯護人。

不過，我倒也因此比較喜歡這個人了。一個人，因爲迷糊而有立場，總比因爲不得不而堅持一個矛盾的立場好些。我跟他一樣，其實也在期待一個比較能說服我們的例子，那個例子當然不是菲律賓。

一九九二、五、十七

# 裴洛現象與奎爾現象

美國總統大選的選情已經膠著了一陣子，這幾天倒又冒出兩樁引起世人注目的新聞：其一是德州鉅富裴洛宣布將以第三黨候選人身分參選，而近日民意調查的結果，他的聲望竟以黑馬姿態追過了現任的共和黨總統布希和最高票的民主黨候選人克林頓。

其二是現任副總統奎爾在兩次公開談話中，抨擊一個熱門影集《墨菲布朗》中女主角墨菲不婚而生子的情節「藐視父親的角色」，「對大眾沒有好處」。奎爾的發言使得舉國大譁，反彈四起。正在謀求連任的布希總統也不得不出來兩面打圓場，好使「損害減到最低」。

這兩件事情，如果不是眞發生了，而只是當做模擬題來問美國大眾，很可能，得到的答案會和眼前的情況有些出入：首先，美國社會恐怕很難想像一個打破兩黨制衡局面的第三黨總統，已經穩如磐石的國會體制事實上也不能面對這樣的改弦更張。其次，八十年代以來美國人的家庭意識逐漸回頭，《墨菲布朗》的受歡迎來自它對一個社會切片處理的成功，連帶也使觀眾對這「切片」的一部分——未婚生子現象——給予理性認可，而未必是對它所顯示的家庭型態的贊同。

然而，裴洛出來挑戰兩黨體制，卻勢如破竹；奎爾指摘墨菲布朗，卻被四方痛擊。這兩個看似不合「常情」的現象，其實出自同一個緣由：在民意調查中把票投給裴洛，表示民意對「兩大黨權威」的警告；輿論對奎爾的談話的抨擊諷罵，表示民意對想批判大眾認知的「奎爾權威」的警告。認可裴洛的選民八成最後仍會幫著維繫美利堅的兩黨體制，而愛看《墨菲布朗》（或女主角甘蒂絲柏根）的觀眾八成不會贊成自己的女兒做不婚的單親媽媽。但是，有機會教訓「兩大黨」時他們是要教訓的，有機會教訓奎爾時他們也是要教訓的，這就是民主的常態，這也是上軌道的民主雖時時在受四面八方的「教訓」，而基本體制不會輕易動搖的原因。

有二十二億美元身價的裴洛跑出來說不惜花一億競選費，跟兩大黨候選人力拼一場，這不難理解。因爲不管成敗，裴洛都已經聲名大噪，「讓歷史記一筆」。我們小老百姓，如果手上算算有二十二塊錢，大約也不會在意拿出一塊錢來「揮霍」一下，雖然明知絕不會有裴洛手上那「二十二分之一」的效果和威力。有趣的倒是，那位自上任以來就毫無權威可言的奎爾副總統，卻要對一個風靡大眾的影集發表「道德意見」，這差不多是想把手上僅有的一塊錢拿來當二十二塊用，大眾媒體即使對他的發言內容不眞那麼反感，恐怕也忍不住會要對他的自我定位謬誤好好反彈嘲諷一番。

裴洛現象和奎爾現象原是各自獨立發生的，它們共同的教訓則是，一個民主社會就是一個喜歡教訓權威的社會，一個民主社會也是一個隨時在裁度權威的斤兩，求取制衡的社會。

一九九二、五、二十四

**後記**：裴洛在七月十六日退出選局，十月初卻又重新投入。雖知當選無望，但攪局有方，對布希之殺傷力尤大。十一月三日大選投票揭曉，柯林頓獲全勝，裴洛雖居末，但仍為有史以來得票最多之第三黨候選人。《墨菲布朗》則未幾獲選為當年艾美獎最佳影集，奎爾在頒獎典禮上重新飽受挖苦批判。

# 輯七

## 掉入語言的砂礫

### 人情篇

# 高明輝的憤怒

「獨臺」案引發洶湧的學潮，自承裁決此案的調查局副局長高明輝因而引咎辭職。辭職之外，他在記者會結束後留下來指控清華大學的劉兆玄校長「挑起學運」，而整個社會卻對這個案子的反應一面倒，不公平，「我告訴你，我心裏憤怒！」

我在電視上看到高副局長憤怒的場面，很能感受到他的心情，也覺得此人是條漢子，這漢子，說他不幹了，慰留也不幹，「政府有安排」也不會接受，「中華民國的公務員，不是每一個都是窩囊廢！」——就公務執法來說，高先生可謂忠於職守：發現有人做的事符合「二條一」的「意圖叛亂」要件，便半夜清晨衝進大學校園去把他抓起來，這樣做，就他所根據的法律而言，不算有錯；這樣做引發了他所沒有料到的反彈，他雖認定那是劉校長的過失，但事情既由他起，他便引咎辭官，這也可以算是勇於擔當。中華民國的公務員裏，能做到這樣的確實並不多。

可是，高副局長的這段揷曲，卻無端就是一個社會轉型期的悲劇見證。近年來，輿論不斷地把許多社會亂象和事件歸諸「過渡」，但也說不清這過渡所指何在，高先生在這件事情上的作法和反應，幸或不幸地，替我們釐清了一些屬於「過渡」的意義：

過渡的意義之一是：

時局和民情有時已經輕舟渡到對岸了，某些不合時宜的法律規章卻滯留此岸，我們於是像童話裏沒能把鵝和狐狸一次帶過河的那人，回頭看到留下的鵝已經飽了狐吻——不適時的法令，諸如這回抓人所根據的「懲治叛亂條例」，是留在渡口上的狐狸，難免不在跟鵝共處時引生意外。

過渡的意義之二是：

在價值快速更替的時刻，人與人觀念上的差距，可以是河東河西之遙，有時藉了事件的凸顯，我們才更發覺其間鴻溝之深、跨越之難。高副局長指控劉校長「挑起學運」，但劉校長面對學生被情治單位進入校園逮捕，他的對應措施：向法務部抗議，公告將維護學生法定權益，同時勸導學生自制，避免導致政治事件，可以說是一位大學校長在這樣事件中所起碼應有的反應——沒有這樣的措施的話，可以想見，清大師生的反彈會更激烈，而大學的尊嚴則無從維持。

任何一個關心時局，對近年民情略爲敏感的人都能預見這回抓人的事會引發什麼後果，身負治安重責的高副局長卻顯然認爲自己抓人不會引起學潮，只有校長的份內反應會引起學潮，這當中認知差距之大，使人吃驚，也使人不能不體認到，再是忠臣良將，不「窩囊」的公務員，倘若囿於成見，昧於因果，他的作爲所可能造成的負面結果，便未必小於其他操守不及的人。所謂過渡，在這裏，是走出成見、看清因果的過程。

劉校長沒有「挑起學運」，但他在學運已挑起的關鍵時刻仍放心出國去參加一個顯然沒有急迫性的會議，難辭輕忽之咎。極可能，以對職責的執著來講，高副局長在類似的時刻會表現出更大的責任感，對高副局長這樣的公務員，我們因此不能不給予應有的敬意。眞正可憾的是，誤國的責任感是一種時代過渡的悲劇，江南案如此，獨臺案亦復如此。高明輝的憤怒，出於不自覺的責任感的誤用，卻成了過渡期的夾縫悲劇的見證。

一九九一、五、十九

# 一廂情願

這世界，一廂情願的人和事眞多。

蘇聯政變，伊拉克發現是他們的「功勞」，伊國報紙刊出頭條：「伊拉克是造成戈巴契夫下臺的一個主要原因。」伊國總統海珊爲自己這樁大功「慶賀」不已。他和利比亞強人格達費一起，成了這次政變全世界最意想不到的兩個「贏家」。

大陸發生了百年來最大的水災，哀鴻遍野，港臺各界發揮了同胞之情，努力捐輸。《人民日報》可看出了不起的意義來了。他們刊出來的評論，說臺港的捐獻救災是「對中國共產黨與人民政府的高度信賴」。似乎，有水災可鬧，反見得「四海歸心」了。

這使我想起十幾年前碰到的一件事。七十年代末期，中共和美國剛開始有許多文化「交流」，有一回我在一個研討會會場上碰到一個新華社的記者，寒喧了一會兒，他開始說這資本主義的社會太平淡了，作家「哪有什麼材料可寫」！一個語言不通的中國人，在西方社會裏當然是會覺得「平淡」，看不出人家「有什麼可寫」的，我本想隨他去說，但因爲知道當時大陸能出來的人都有點「統戰」任務，因此忍不住想點醒他：「倒是中國大陸，動不動鬥死成千上萬的人，寫作題材眞多啊！」我以爲自己已經是很沒禮貌了，政權的錯到底不能要眼前這人負責，這樣戳他，並不公平。沒想到的是，這記者竟發現自己逮到一個好機會來替「祖國」工作：「對啊！你說是不是，中國人那麼多，吃一點苦，使得作家有題材可寫，這不是很好嗎？」

我知道我碰到一個外星人了，這樣的人，你無法用你的尺度去跟他溝通；這樣的人，說不定寫一篇報導回去時會沾沾自喜說他在海外宣揚了社會主義優於資本主義的大道理；這樣的人，讓我想到，原來政權的錯絕不只是政權的錯，這個體認留下來的悲哀，我到今天還不能釋然。

這樣的人，其實無處不在。他們的共同點是都能昧於現實，一廂情願，差別只在於程度和境況。海珊若非能這樣一廂情願地以爲蘇聯政變是他「造成」的，當初也不至於昧於現實到悍然吞併科威特，弄得舉世動怒，最後兵敗受辱；而中共，若非能一廂情願到以爲人家救災就是「信賴共產黨」，也不至於四十年來倒行逆施，到現在還想在舉世共產政權瓦解的情況下，獨以爲能撐起「社會主義勝利」的大旗。

一廂情願，是的，這是所以蘇共的八人幫會錯估民情、軍心、世界潮流、和本身的實力聲望，製造了一場政變鬧劇。人因爲昧於因果而一廂情願，因爲一廂情願而必然看不出因果。決策的錯誤，大至於要搞一場政變，也無非是一廂情願的結果。

問題是，一廂情願中所得的陶陶然，在還沒破滅時，也許使人像吃了鴉片一樣快樂。海珊發現自己「造成」了蘇聯政變，出了波灣戰爭中沒有得到戈巴契夫支持的烏氣，當然很快樂；中共在宣傳自己如此獲得港臺「信賴」的時候，當然也平衡了受人救濟的難堪心理，得到了阿Q式的「精神勝利」。這種種，使得擅於一廂情願的人步步陷落，往往逃不了是犯錯最多的人。

怎麼避免一廂情願，原來是一樁智慧。

一九九一、八、二十五

# 壽山與愛河

和西灣海山相看的是壽山。下了壽山往市區走不遠就是愛河。「壽山」和「愛河」是高雄市這兩個風景點的舊名，它們在路標上的正式地名則是「萬壽山」和「仁愛河」。

但是，在高雄這些年，不管是在公務場合還是計程司機口中，我從沒聽人叫它們萬壽山、仁愛河。它們只是壽山和愛河，一如聖彼得堡被改爲列寧格勒，改了六、七十年，居民依然好好地叫它「彼得」。

舊名在人們口中的沿襲，其實不僅是習慣使然，多半也反映了改名本身的勉強和無趣。愛河和壽山的改名，據說是民國五十七年一位當時的立委用「人民陳情」的方式向高雄市議會提出的，用意是爲了向當時的蔣總統和夫人祝壽，萬壽寓「萬壽無疆」，仁愛寓「仁民愛物」之意。

語意常識很容易就可以告訴我們，「壽」比「萬壽」更無疆，「愛」也比「仁愛」更廣義，要祝壽，原名比改過的名字更是「大禮」。不過，當時固然沒有人出來辨別語意，當時也沒有人冒大不韙出來問：區區一個小山一條小河，加了一個字之後對元首的高壽大愛究竟能有什麼貢獻？當時更沒有人伸出脖子來說，獻壽、呈瑞這一套是我們的先烈們用他們的鮮血頭顱，好不容易才替我們革除掉的「封建」，現在怎麼又由我們的最高民意代表來帶頭演出呢？

沒有人問，因此，壽山和愛河就在民國五十九年的蔣公誕辰日開始，改成了萬壽山和仁愛河。這兩個二十一年來始終沒有人叫的地名，證明了當時「陳情」的「民意」大概自始就是不存在的；而隔了二十一年的歲月，我們也無從知道，倘若當時有人出來指出這改名的無意義和不當，我們的元首又會有什麼樣的反應，是頷首微笑，說：「我周圍總算還有人肯對我說老實話」，如唐太宗之對魏徵者然，還是勃然大怒，說：「獻壽表示天下歸心，勸我婉辭，你這是心懷叵測！」……我們無從知道，知道的只是，在民國肇造了一個甲子的時候，封建的戲碼還是照演不誤；知道的只是，對當權阿諛奉承是絕大多數人的天性，沒有了諤諤之士的話，天底下沒有任何一個當權者是絕對「英明」的，而所有對當權的阿諛奉承，它的無意義和不當，只能等時間來證明。

近一年來，把萬壽山和仁愛河改回舊名的議案在高雄市議會頗反覆討論了一陣子，終於作成了決議，要求市府辦理，而在這兩天得到內政部核准。對所有會聽到這兩個地名的高雄市民來說，被改成的名字因爲不會掛在口上過，因此也無所謂復舊：對二十一年間公文的往復和路標的編寫來說，這件事說明了許多勞形的案牘只是在爲無謂的人性弱點服務而已；而對我們眼前震天價響的「民意」來說，讓我們從這個事例學會戒愼——即使壽山自己，也不會因爲名爲「壽」而更壽，人又何能期望藉了山名而萬壽！沒有堅實的民主基石的話，所謂「民意」，有時只是語言的詭戲罷了。

一九九二、一、十二

# 留名與不留名

中、西文化裏，有一個見微也略可知著的差別是，中國人自古喜歡在建築物或風景區留名題字。在西方，這樣的例子極度少見，有之則世人爲了紀念某位歷史名人，在他身後把他的睿語名言鐫刻下來，使見者會心或得益罷了。

我自己在國外念書的許多年裏，日日進出的研究圖書館牆上刻著創 校校長的一句話：「莎士比亞遺囑所列的受益人，你我都在內。」（We are all mentioned in Shakespeare's will.）一代又一代的師生不斷地會在走進圖書館時重溫這段話，說的人的名字不一定會記得，但話中的深心和期望會久久留在記憶中。鐫刻名言作爲紀念的作法，在歐美不少跟名人事蹟有關的地方都有，差不多都是樸實而莊重地鏤在同色的石牆上，絕無上紅漆、塗金粉等逼著你看的惡俗氣味，也絕少是當事者自己生前就爲自己留下的。

我因此常常懷疑，「三代以下無有不好名者」的話，是不是對我們這個不斷要緬懷「三代」的文化，特別適用。

回國這些年，教書居住的地方在背山面海的西灣。此地既有山水，又是國立大學所在，自也算得有人文。但是，緊貼著學校後山大門外的山壁上便是一列某任市長題的紅漆大字，「我愛鼓山，進而愛大高雄」。每個字都有丈餘見方大小，區區十個字便綿亙了大片山壁，進出路過的人全無所逃避。我在幾年中雖然漸漸養成了視而不見的鴕鳥本領，卻不能不好奇：究竟有沒有哪個人因爲看了這題字便「愛」起鼓山來，並且按照指示，循序地「進而愛」大高雄呢？還是有更多人本來正遊目欣賞一片山景，給這一長列油漆一照眼，欣賞的心情破壞無遺，想「愛」的心情大打折扣呢？

有權的人這樣任意塗抹，製造汙染，也許無非「三代以下」好名定律之必然。它們能夠年復一年地被一個風景區的居民、遊客所容忍（尤其當居民還包括了近在咫尺的大學師生的時候），其間的文化意義才更值得我們深思。假如巴黎、倫敦的居民也和我們一樣，巴黎倫敦的「文化」恐怕早也落得滿街是紅漆塗成的標語、題字了。

不過，高雄這個城，不管我們「進而愛」或不愛，這兩天倒是有一樁市長「不留名」的新聞頗引起討論。原來，歷經許多建築風波的市府行政大樓卽將落成，現任市長的左右循例找了書家題匾，好讓市長落款留名，據說吳市長雖然對匾上題字的美感相當講究，卻拒絕留自己的名字。

媒體議論的內容紛紛而多樣，但不外市長不願爲在前任任內發生過弊案的建築「背書」，「不留名」之舉是對弊案處理之未盡公允表示個人的「春秋微言大義」的褒貶。

事實上，吳市長對他爲什麼不留名並沒有提出任何解釋，也表示了不願眾人猜測。大眾當然頂好是尊重他的個人表達，不要強作解人。

使我眞正覺得有趣的是，在許多猜測中，竟沒有一則猜測吳市長會不會是一反常規，正在革除「官大會寫字」、「官大該留名」的陋習。這反映的，究竟是成俗中人太深，即使官員做到了，百姓也見不及此；還是百姓對官場信心太淺，根本不信他們有這樣做的可能？

不過，吳市長是學歷史的人，年餘來的官箴也頗見口碑。我倒希望他的作法不是對某一個特殊緣由的「因應」，而能留給地方一個不好「留名」的佳例。

一九九二、一、十九

# BBC的上海記者

幾個朋友一起吃飯，席間一位說起英國BBC廣播把三中全會上兩位資政大老不贊成公民直選的發言，稱作是「激化矛盾，矛頭直指李主席」。同座其餘幾位當天都還沒看電視新聞，聽了這話，不約而同喊道：「BBC？怎麼可能！」當中一位並斬釘截鐵地說：「一定是派了個不懂中文的洋人來，像史諾一樣自己編故事回去報導！」我知道他說的是英國記者Edgar Snow，這位史諾曾在文革時把毛澤東自命「和尚打傘無法無天」的「豪語」，自作聰明地解成毛澤東自比爲詩意地「在雨中撐著傘，漸漸走遠的老和尚」。

同座諸人都是在國外待過多年回來的，各人對總統產生辦法的立場，直選委選都有。他們所不能置信的，不是BBC會不會作什麼我們愛聽或不愛聽的報導，而是不相信英國這樣一個從近千年的辯論、說理、抗爭中建立起舉世風從的民主體制的國家，會有記者跑到別的國度，看到有人對政治問題跟當權意見不同，就急著扣帽子貼標籤。通常，在英美社會長大的人，倒是相反地總對質疑當權的聲音給予較多同情和認可，這是因爲他們從小被鼓勵有話就要說，在價值認定上很自然便傾向直言反對的人，這也是所以我們老看到西方記者到了別人國家便急著跟「異議人士」打交道的緣故。

BBC這回有此一招，堪稱怪異。隔兩天從報上讀到接續的報導，卻是謎底豁然開朗了。這名把不同意見的表達稱作「激化矛盾，矛頭直指李主席」的「英國記者」，原來是一個生長在中共治下的上海的中國人。這個背景，使得原先所有的不可能都變得充分可能了：一個習慣於極權統治和一元思考的人，必然是看不得有人表達跟統治者不同的意見的。當他看到有這樣的人發生這樣的事時，他所有早被制約得服服貼貼的意識都會自發地起來跟統治者認同，幫著撻伐「異類」。

剩下來仍難以理解的是，根據報導，這記者已經歸化了英籍，那麼在自由世界大約也待過幾年了，怎麼那被舊日思想習慣所導引的行爲卻一點不會改變呢？「激化矛盾」聽起來也像極了大陸上批鬥場合用的詞彙，這樣的用語，對於自由世界，近乎是視聽汙染。我們一向只知道遺憾橘過淮變了枳，嘆息一個人原有的好質地不易保留，現在更遺憾地發現枳過了淮並不變橘：原有的壞質地死硬地留著。這樣的「枳」，希望不是那麼多，否則我們一心預期當中共放出來的人夠多時，改革的力量就會自然形成，不免是一個空想，而中國的災難也就難有止期了。

這件事，還堪告慰的是，過後有關人士，包括委選派和直選派，都同聲澄清和譴責。這顯示，經過多年朝野對不同意見的爭辯和抗衡，臺灣也許終於比較習慣於一個民主社會的思考方式了，也比較知道醜化對手未必是有效的取勝手段了。

卻不知道那BBC的上海記者，會不會有終於從枳變橘的一天？能不能終於體會到自己是自由世界的一個自由人，享有不必急著跟當權認同的自由？

一九九二、三、二十二

# 走到哪裏去？

當臺灣因爲一連串的速食店勒索爆炸案而重新引發工商業「出走」之聲的時候，美國正因爲一椿司法審判不公而掀起大規模的黑人暴動，暴動的範圍已經從洛杉磯蔓延到亞特蘭大，看起來全面的黑白衝突一時並不能善了。

「走，走到哪裏去？」一百多年前劇作家易卜生筆下小女子娜拉的難題，似乎現在成了全人類的困境。曾經是全世界夢土的美國，如今自已千瘡百孔。「走到哪裏去呢？」在速食店炸得死傷累累的事情發生後，南部有個城市的工業會開他們的會員大會，會上一片嚷嚷「出走」，有人說到印尼好，那兒有大筆土地可供規畫利用，有人隨即想到印尼海關的賄賂橫行，權益缺乏保障……。先進國有先進國的問題，落後區有落後區的問題，這個世界並無夢土，想走的人，走到哪裏去呢？

我們的時代，科技的成就帶來了史無前例的文明高峰，互通有無的體系創造了人類空前的財富，而這兩者相加的成果更幾乎打破了我們所有的道德桎梏和思考禁忌，提供了人際溝通和瞭解的最大可能。奇怪的是，人卻在這時一步步把自己逼進彷彿愈來愈無路可走的困境。這樣大的反諷，實在也只有人這麼高等的生物才能夠一手營造。

臺灣的最大的問題，從貪婪自私來；美國的最大問題，從偏見自大來。而兩者都是歷史和文化的產物。中國人近乎是個在貧困中能發揮無限耐力卻不能在富裕中作一點個人退讓（諸如寧願守法而受一點損失）的民族；美國則是一個在富裕時大有兼善天下的孟嘗之風，一落入困窘就暴戾橫生的族羣。世界縱然有再廣大的實質空間可去，人若不能超拔於自己的心靈局限，當然也就只有落得不知「走到哪裏去」的困境。

對於種種人類的問題，宗教家教我們愛與恩慈的信念，藝術家相信美的提昇功能，文學家努力要告訴我們人性和事件的脈絡中的本然。當然這些信條和努力都構成了文明的重要成分，然而這些信念和努力也都會見證了自己的無力甚至自我悖逆！這道理，想想宗教迫害的慘烈就不難證明。

我們也努力想信仰制度，以為完善的制度就帶來完善的人間條件。然後發現也錯了。從沒有一個制度證明過它能獨立於外在條件而自成其「好」。關於制度，唯一顛撲不破的定律也許只是：壞的制度下不會有好的人間。我們其實有無數法規、條例、辦法，不少是直接抄自別人行之有效的成文的，然而逃不了我們的社會依然是一個國會天天打鬧，滿路車輛橫行的社會。美國曾經驕傲地成爲第一個在立國宣言中揭櫫「人生而平等」信念的國家，並且把這個信念作爲制憲的精神，但也阻擋不了立國兩百多年後，十二個非黑裔組成的陪審團會裁決了暴力毆打黑人的警官爲「無罪」——再好的制度，要的還是不蹈入自私偏見的「人」來實現。

一日人不能免於自私和偏見，一日我們便得活在不知要走到哪裏去的困境中。

一九九二、五、三

# 「自己的孩子」也死不完

本省諺語說「別人的孩子死不完」，意思是，吃虧不平的事如果只跟別人的孩子有關，多半人便樂得袖手不問，因爲人總是先護著自己子女的利害。這當然是人性通例，少見例外，而也正是靠著這一己之私一念之愛，才構成了這世界的生存法則。文明的進展，也可以說是在「爲自己的孩子」的基礎上一步步建立起來的。

而理想的社會，便是使「自己的孩子」的定義、廣義到凡是「孩子」便是自己的大羣體延續的一部分，分享了自己的一己之私一念之愛，所謂幼吾幼以及人之幼者是。

然而，當連自己的孩子都不能愛的情形連番出現時，便格外使人驚心了。連自己的孩子都不能愛，是生物律的逆轉，是在動搖文明的法則。

連日來新聞裏出現的許多例證，幾乎都在說明，父母之愛愈來愈不足恃，放著子女滿街去打電玩、吸毒、雜居……固然不是今天才出現，但越來越多的事例顯示，風月場所查緝出來的賣淫女子不少是被自己的父母賣入火坑的，有的且是一賣再賣；流浪街頭的許多女孩所以不回家是因爲長久遭到親父強暴；有些吸毒的青少年甚至始作俑者就是自己的父兄……。

在一則駭人聽聞的新聞裏，有個父親夥同續娶妻子，數年如一日凌虐自己和前妻所生的兩個兒子。小兒子在三歲到七歲之間，身上留下四十幾個燒傷的疤痕，他的親生父親並且執行用縫衣針刺指頭的大刑。

這一對夫婦差不多把家變成了刑房，把刑罰變成自己的消遣，把自己的孩子變成受刑人。他們所用的凌虐手法列出來可以上殘酷父母的金氏紀錄。這一對父母都受過高等教育，兩人都是航空公司的空服員，也就是所謂空中小姐空中少爺。他們的教育應該給了他們起碼的行爲規範，他們的工作應該養成他們起碼的善待他人的準則。然而，他們卻把施諸於任何生物都不仁道、都形同變態的手段，合力加在自己的孩子身上！我們以爲親情是文明的最牢靠的基礎，那維繫在一己之私一念之愛的生物律上的親子關係，原來也可能是這樣的脆弱！

「別人的孩子死不完」是歸納人性後一個無奈的結論，然而也同時是一個指標，用來查證一個社會的文明程度——越是文明的社會越有餘地發展出對「別人的孩子」的善意；所有的社會福利法規，青少年的教養機構、幼兒的安養體制，法律條文的保護，都是爲了讓一個社會裏的「別人的孩子」在落到失去「自己的父母」的羽翼時，依然能得到起碼的合理對待。

「自己的孩子死不完」，相對來說，不是人性的定律而是人性的變態，卻也因爲是變態，這樣事例的增加更足爲社會病徵的指標。如果我們一方面在努力學習文明，修訂法規設立機構，另一方面卻看著自己的社會變態滋長，其結果會是「自己的父母」的負面作用抵銷了法律對「別人的子女」的正面保護，這樣的文明，眞是何等的自我嘲諷！

一九九二、八、二

# 善忘的弱者

日皇明仁將訪問大陸，已有三十萬人簽名要求受難賠償，在北京，被問到的市民百分之九十五認爲日皇應正式道歉，北大更有學生揚言，日皇若不道歉將自焚抗議。

強烈的反應也見之於香港、東南亞和美加的僑界。日本的朝日電臺在採訪世界各地華人對日皇訪問的反應後，得到這樣的結論：「臺灣（的）人最冷漠」。

這樣的冷漠，從說話者的語氣來判斷，顯然一點都沒有換來感激或敬意。對屈辱淡然，對仇恨冷漠，往往可以解釋爲弱者的屬性，而弱者是很少被強者尊敬的。

我們不因爲對屈辱冷漠而得到對我們橫加屈辱者的敬意，我們也不因爲對屈辱冷漠而和其他同樣經歷屈辱的同胞有「同仇敵愾」的認同。在臺灣的人，爲什麼會這樣冷漠，是一個奇特的現象。

在南京發生大屠殺的時候，在臺灣居民被徵去南洋做砲灰的時候，在抗日志士被苦刑、活埋、當醫學實驗活體的時候，猶太人也正被納粹德國大批地送進煤氣室、被屠殺蹂躪。猶太人因此發展出硬如鐵石的仇恨情結，一本又一本的對浩劫(holocaust)的追憶和紀錄不斷寫出來，對納粹戰犯的追索天涯海角從沒停止，所有反猶太意識的風吹草動，都會立卽遭到指控……，相對於猶太人沒齒不忘的仇恨，中國人對過往的血淚顯得雲淡風輕，甚至於，早年臺灣的色情事業泰半爲因應日本觀光客的需求而生，最多的進口商品來自日本，最扳不回來的貿易逆差是對日本的貿易逆差。日本不但沒教我們記恨，他們戰後的復甦之速，當中有許多得自我們的血汗付出。我們是不記血淚之仇的民族。

而且我們現在知道，在所有不記血淚之仇的中國人裏，又以在臺灣的中國人爲甚。

然而，島上的中國人眞是善忘，眞是不記仇的嗎?卻又不必然。有人在耕者有其田政策下讓出了部分土地，從此一輩子記恨推行土地改革的人；有人把「二二八」認定爲省籍衝突，從此一輩子不忘製造本省外省的矛盾；有人在路上和陌生人一言不合，第二天就找上門私刑拷打欲置之死地……那對民族的大血淚可以雲淡風輕的羣體，卻可能個別地爲一點私人利害或小摩小擦便橫刀相向、睚眦必報。

能忘記仇恨，退一步海闊天空多麼好啊!不錯。問題是，遺忘會使歷史重演，遺忘會使日本人忘記他們的侵略行爲，忘記他們帶給異族的血淚之痛，會使他們在教科書上大言不慚地自命為大東亞共榮圈的締造者，以為當年的未竟之業是歷史的不幸。人從歷史得不到教訓，所有犯過的錯便不能避免，所有因歷史的錯而受傷受損的人便不能免於再受傷受損。更何況我們並不是出於寬宥的氣度在遺忘。在仇恨的記取和遺忘之間，我們是全然沒有尺度的族羣。如果我們善於原諒，我們早該有更大的社會和諧，如果我們善於記仇，我們不會落到成為日本產業的傾銷場，面對龐大的逆差一籌莫展。

對歷史的血淚冷漠，使一個族羣變成弱者，而弱者是很少被強者尊敬的。

一九九二、十、二十五

# 沙港的海豚

澎湖沙港的漁民前幾天興高采烈地圍捕了十幾尾海豚，留置在那兒的西港。海豚是野生動物保育法所保護的魚類，消息傳開，農委會緊急指示放回大海。漁民奉命放魚之際，一邊悄悄地留了幾尾，「移其魚於東港」，準備在快要到來的觀光季裏用來招徠遊客。

地方官員知道了，連呼「夭壽」，買了幾十公斤魚食趕去探視。但這些飽受驚嚇的海豚，已經幾天不進食，見到「保育」的食物來了，也仍是說不吃就不吃。

新聞讀起來像是卡通影片裏的一段，卡通片的結尾應該溫暖有情、皆大歡喜。可是，什麼樣的結尾會皆大歡喜呢？

如果是五十年前，也許大批海豚尋友而來，整村農民都笑逐顏開，捕魚的捕魚、殺魚的殺魚，趕魚到淺灣去準備訓練好了賣門票的人也忙著趕魚……畫面字幕會說，「這個貧窮的漁村從此豐衣足食，充滿了歡樂。」

如果是一、二十年前，重點會放在當中的一隻海豚跟漁村裏的一家人，尤其他們的小孩特別投緣。於是，大批海豚趁著夜裏無人龍歸大海、逃過一劫，這特別有情的一隻則成了小朋友的知己，常常回來探望，畫面上可以出現很多海豚表演鏡頭，看似在表現海豚和小孩的友情，實則用來招徠我們去買票看電影或打開電視機。

這一、二十年來，這樣的結局越來越不可能了。影片的高潮通常會是貪心的捕魚者或想拿海豚當搖錢樹的遊樂場老闆跟環保團體鬥法，雙方不惜血濺五步。環保分子近幾年越來越激烈，正給了這類題材新的表現角度。

我們這部沙港卡通片的結尾，頂好還是把魚都放了，當中有沒有一隻有情的魚會回來探視，讓那隻魚去決定。人在文明的時代得學會文明的法則，而要判斷哪一個法則文明，看看海豚在大海裏快樂還是做了沙港囚徒快樂就可以決定，看牠們在沙港的淺灣裏吃不吃東西就可以決定。

當代著名的海洋生態學家古斯多（Jacques Cousteau）一輩子在海上與海洋生物爲伍，一九五八年他親眼看見兩隻被放在人工池的海豚超速撞向池壁自殺，從此極力反對人工蓄養海豚，尤其反對以之爲牟利工具。海豚有著特異的「聲納」（sonar）敏感，能在幾百英尺外憑物體彈回的聲波判斷其距離、動態和大小形狀。「撞壁自殺」因此是百無一失的準確行動，這樣堅決的求死之心，必曾大大震動了古斯多。

今天世界上多數較新設的海洋生物博物館都不蓄養海豚了。而統計顯示，這些博物館仍吸引大批的遊客。古斯多自己在巴黎新建的古斯多海洋公園，甚至於是一個「無水」的海洋世界。在這個公園裏，古氏以繁複的影視效果的交錯、大銀幕海底景象、人可以直接走進體內的與實體同大的九十尺藍鯨模型……完整地呈現水族世界的豐富。目前並有一個日本公司正在爲它發展一個不僅在視覺甚至於在感官上都可以亂眞的無水海洋。

在人必須學會與自然生物共處的過程中，其實也同時激發著自己創造的能力和智慧，我們無可選擇地要朝同樣的方向前進。

說來說去，還是在爲沙港的那幾隻海豚請命：放了牠們吧。

一九九三、二、二十八

# 如此「老闆」

法務部調查局的調查員接受電玩店老闆請吃酒，酒後亂性，竟涉嫌強暴了主人的「女秘書」，事情發生在主管風紀的法務人員身上，其難看與離奇自不待言。

然而更離奇的是那名請客的老闆。他在深夜把「女秘書」叫去陪陌生人喝酒，等她酒醉了卻自己離席他去，留下一桌男女去「亂性」。其後酒店發現他的「女秘書」遭到強暴打電話給他，他並不曾採取行動。再其後，酒客之一將女秘書送到某賓館休息，打電話要他接回，他也無動於衷。直到次日女秘書醒來不知身在何處，電話裏問他，他告訴她「你被強暴了」，而仍沒有任何救援行動，女秘書據說羞憤離去，至今下落不明。

這名做老闆的，在銷聲匿跡了一陣子之後，突然出面說自己是受害人，指控調查人員輪暴他的「女秘書兼女友」。至於爲什麼先前不出面？他說是因爲本來不想聲張，後來受到調查單位「壓力」，吃不下那口氣，才決定挺身而出。

對這名可憐的「受害」的老闆來說，我們看不出他對他的女秘書有任何僱主對員工（更不要說男友對女友）的關切。電召深夜陪酒先就是拿她當酒女看待的行爲；在她爛醉時棄之不顧，意圖何在更是其心不可問；及至果然出事了，他的反應更差不多該用禽獸不如來形容——這女子的遭遇，即使陌生路人見了也該發揮公義之心救援，他卻在連接幾通電話之後還讓這女秘書任人蹂躪，孤獨無援；即使最後出面指控，爲的也不是替女秘書伸冤，而只是他自己「吃不下一口氣」。

對於這整個事件，唯一合理的解釋是，發生在這女秘書身上的事在她的老闆看來稀鬆平常，若非後來的發展使他可以以「受害人」自居，大約也就私下擺平了。

這兩天，在洶湧的輿論對調查人員的責難聲中，法務部長和調查局長公開向「全國婦女同胞」道歉。這在我看也是十分離奇之事。調查人員有這種惡行，主管可以自責監督不周，可以承諾嚴辦，但除非那女子的遭遇是調查局認可可以施諸女性的，或事後調查局人員說了什麼對女性不敬的話，否則，我並看不出這事爲什麼要對婦女道歉。這正和調查員如果搶了銀行，他主管不必對全體銀行家道歉，調查員如果強暴的是另一個男性，他的主管也不必向全國「男性同胞」道歉一樣。

但是，那位「挺身而出」的柏青哥店老闆，倒是眞該向全國的女秘書道一個最大的「歉」。

他是整個事件的始作俑者，強迫他的女秘書做不該女秘書做的事，戕害了女秘書這個職務的工作尊嚴；他對他的女秘書因他的失職而受的傷害，又自始至終不曾採取任何保護補救措施，這更是視女秘書如無物的最大惡行。

馬部長和吳局長嚴辦此案即可，「道歉」可以收回。但是，那個陳老闆，好好站出來悔罪！

一九九三、三、三十一

# 「婦幼節」，爸爸哪去了？

也不知道天底下怎麼有這麼艱難的事，有一個節日了，卻取不出名字。以前四月四日兒童節只放兒童的假。許多小孩到了自己過節這天，都成了無課可上也無親可依的苦兒。大人則人在工作場所而心懸小孩，恨不得兒童無節，不必擔心小鬼當家惹出禍害。

輿論反映了幾年以後，內政部終於宣布四月四日這天大人小孩一體放假，好好「增進親子關係」。

這當然是政府順應民情的一番美意，但是卻生出許多麻煩來。首先是爲了「平衡」多出來的這一天假，把婦女節婦女可以自由休假的規定取消了，因此，眞正因爲四月四日放假而多了一天假日的是男士，但奇怪的是這多出來的一個假日卻被叫做「婦幼節」，好像天下男女雖一起放假，那要在兒童節解決兒童不上課的問題的，卻派定了是婦女的事，當然，還加上「老弱婦孺」這類不愉快的連稱吧！總之，婦女同胞看到「婦幼節」這樣的名稱都不甚認同，抗議之聲此起彼落。

不久前，報端於是看到內政部的鄭重說明：「婦幼節」不是正式名稱，無此節日，請大家不要任意使用——不要印在公文上、日曆上，免生爭端。

然而，言猶在耳，這兩天又出現另一個說明，說是「婦幼節」雖屬「無此節日」，但各機關行號已普遍使用，積習難改了。如今叫與不叫都難。但若是恢復兒童放兒童的假，婦女過婦女的節，將使政府招致「施政草率、朝令夕改」的責難，所以準備儘速將「婦幼節」的名稱「合法化」云云。

哎哎——我們親民愛民的內政部光為一個假日的名稱就弄成這樣千萬難，好像天下事就只有兩極可選，為政之不易果然是教人同情。如今甚至因為一個名字不會取，不是得回到原點，讓四月四日重新滿街無主遊童，就是得冒婦女團體口誅筆伐之痛，硬定個方才聲明「無此節日」的婦幼節出來。這麼一樁小事也能展示這麼荒謬的局面，實在有趣。

我只能這樣假設——內政部那掌理節日訂定的人（不管是男是女），大概從沒想到「兒童」原來也可以跟父親有「親子關係」吧！訂定節日時需要一個堂皇理由來包裝「怕兒童無人照管」的現實，找到的理由便是「增進親子關係」。但是包裝完了之後，他或她便再沒想到，這個堂皇的理由要想名實相符，需要的是一個「親子節」，不是婦幼節。試想：被一體放了假的男士們，如今和他的孩子共享一個節日了，這個節日卻被叫做婦幼節，他沒有份，不荒謬麼？倘若果眞就因爲一個名字出不來，這個正和妻兒共享「親子關係」的父親又迫得失去假日，他的孩子則失去有雙親的兒童節，不更荒謬麼？

正在左右爲難的內政部先生或女士：就是這麼簡單的事，保留四月四日大人小孩一起放假的良法美意，把這天訂名爲「親子節」，兒童有人照管，婦女也不會抗議，而父親們也知道這一天有他的份——不管是權利還是義務，不是三全其美嗎？

一九九三、四、十一

# 掉入語言的砂礫

這回是民進黨的立委陳水扁被打，躺進醫院檢查看有沒有腦震盪。被打的原因是在立法院審查「大陸榮民」的安置費預算時，「阿扁」認爲編給工作人員的預算，遠高於給那些多半屬於傷殘的大陸榮民的預算：「是不是把他們當作豬在養？」這樣的話講到第三遍的時候，國民黨立委韓國瑜認爲他汙辱榮民，掀了他的發言臺，並給了他一拳。

陳委員躺在醫院裏，看起來十分委屈而無辜：「我一直在爲榮民說話，怎麼說我汙辱他們！」

把人比爲豬算不算「汙辱」，當然因人因事而定。叫自己的兒子是小犬小蟲小豬的父母比比皆是，聽者並不會以爲他們在汙辱自己的兒子。至於「老大照書養，老二照豬養」這樣的媽媽經，雖無非是忙碌父母的自嘲，聽到做「老二」的孩子耳中，大概就不是那麼有趣。

親如父母子女，「當豬養」尚且不是只要出於善意就能不作惡言解的事，何況是在劍拔弩張的立院氣氛中；何況這當中「善意」的程度還大有微妙的空間可以討論；何況——聰明如陳水扁委員者，不會不知道自己用詞的刺耳，用詞刺耳而要這麼自認「無辜」，我怕阿扁是有點小看了大眾的語意判別能力。陳委員的夫人不巧正是位重度傷殘，倘若她不幸必須領取某種生活補助，這時哪個好心的人替她打抱不平，一再的問「你把她當豬養啊」，揮拳的說不定就是陳委員了。

然而揮拳無論如何不對，韓國瑜打了人出氣之後自請黨紀處分，比起在野黨一向打了人之後繼續喊打，到底還算文明。有趣的是，事情發生後民進黨發布的聲明裏有這麼一段：「國會是政策辯論、彰顯正義的殿堂，任何強制剝奪發言的行爲皆不可原諒……」這話，多麼像以往國民黨挨打之後發表的聲明！不過，截至目前爲止，在打人的紀錄上，民進黨（包括不久前才發生的打新國民黨連線和打邱創煥的例子）還是遠遠領先國民黨。我們當然不希望國民黨在這種事情上有任何想急起直追的「企圖心」，不過，這一打，終於使民進黨發現「國會是政策辯護……的殿堂」而剝奪別人言論的行爲是「不可原諒」。我們隔岸觀火，忍不住想說，這一拳好像還打得很有效用！

現在是民國八十二年，也就是民主學步到了第八十二個年頭了，我們終於等到了兩黨都說「任何強制剝奪發言的行爲皆不可原諒」了，光爲這點，陳委員挨的一拳、韓委員要面對的黨紀處分，恐怕都還很值得！

接下來，還是要請民代們管管自己的語言，人要求別人「文明」，不動手打人，自己就得更加言詞有節。韓國瑜打人是逞一時之快，陳水扁的養豬之論何嘗不是逞一時之快。立法院裏所謂的「政策辯論」，其實充滿的都是逞一時之快的語言，傷人的、挑釁的、含沙射影的、無中生有的言語……夾雜在內政外交的大議題中，官員也罷，議員自己也罷，全都在語言的砂礫堆裏失去了尊嚴，也全都失去了「善意」和「無辜」的解釋空間。

在語言的砂礫堆裏，沒有人會有尊嚴，沒有人「無辜」。

一九九三、五、九

輯八

雜篇

# 該誰來「自我期許」?

越洋收到《民生報》爲「邁向九十年代,女性角色的自我期許」的邀稿信。提筆躊躇之餘,不免想到,有「自我期許」是好事,但,爲什麼是「女性角色的自我期許」而不是別的?比如說,我就不大能想像有人去找男性的大學教授、經理、什麼長,一起來談「邁向九十年代,男性角色的自我期許」。至少我從來沒有看到過那一次碰上年代交接或節慶來臨時,男士們會忽然想到他們的同性之間自己該來點什麼「期許」。

是的,大學生可能會在青年節前夕寫「大學生的自我期許」,新科立委也許會在恭賀聲中發表「當選後的自我期許」,背後的原因是這些角色都受惠於社會——學生因爲拿了父母的學費、用了政府的教育投資,立委因爲得了人民的選票——因而也就負擔了某些社會期望。在向大眾公開他的「自我期許」的時候,他其實等於在提出保證:放心,我不會讓你失望,平白受惠,你看我對自己有這許多期許。

然則女性又爲了什麼也常要「自我期許」一番呢？是不是因爲她下意識裏也一直想符合某些期望？是不是她把自己當做一個像拿了父母的辛苦錢或得了選民「惠賜」的票的人，必須以不斷的保證——「自我期許」——來重申她有欠有還，不會教人失望？

如果是，她「欠」了社會什麼？

如果不是，爲什麼老看見女性在「自我期許」而男性只須旁觀？爲什麼標榜「女性」的雜誌內容總在提醒女性要自我充實，要有自我期許，而標榜男性的刊物則主旨都在提供他們各種消閒玩樂的訊息？

女性沒有欠社會什麼，是人類社會欠了她幾千年的起碼的合理待遇，然而，也許因爲這一點起碼的待遇得來如此不易，竟使她像用了學費或得了選票的人一樣，因爲下意識的感激而要不斷提出保證：我會努力上進，會期許自己如此這般。

也許有人會不同意我的話，但是，不同意的人，不管是男是女，恐怕都得先問問，爲什麼我們看不見男士們站在男性的立場也好好來「自我期許」一番？要能回答這個問題，我們才眞觸及了兩性問題的癥結——或者也可以這樣說，如果永遠只有女性在「自我期許」，兩性問題就永遠沒有解決的一天。

有些現象或數據也許可以幫忙說明這個問題：半個多世紀來，婦女在受教育、就業、人格發展、和觀念的開放上，確實有巨大的增長和改變。這跟婦女有許多「自我期許」當然也有關係，問題是，她的這些期許因爲不是一個立足點平等的期許，因此當中包含了更多的自我犧牲。結果是，在婦女地位提昇的表相背後，我們看到儘管婦女受大學教育的比例早已和男性並駕齊驅，她在就業市場上的機會和酬報仍遠遠少於男性；我們也看到許多婦女在負擔和丈夫等量的工作或甚至成爲家中主要的經濟來源時，承擔絕大多數家務的也仍是她；而當每個人都承認生兒育女是延續人類生命的神聖使命時，負擔了這個使命而被迫放棄自己的事業和志趣的婦女卻比比皆是（這種放棄，事實上也就意味她放棄了得來不易的社會地位和經濟獨立）……近期美國《時代》雜誌和《財富》（*Fortune*）雜誌的統計都指出，儘管近二十年來美國各種專業（如律師、醫生、教師）的婦女大有增加，國會議員的女性比例卻並沒有什麼改變，前五〇〇家大企業中擔任高階層主管的女性也還不到百分之二，更可異的是，同樣擔任高層企業主管的女性，所得只有她的男性同儕的百分之四十二。

走過半個多世紀的辛苦路，美國婦女開始自問，自己爭取到的究竟是什麼？——是一天工作三十小時（白天上班，回家再上家務的「夜班」）的「權利」嗎？是夫離子散（看看美國今天的離婚率和青少年問題！）的結果嗎？是努力工作而到了一個階段就不可避免要撞上「玻璃屋頂」（glass ceiling，升遷的阻礙）的困境嗎？一位婦運領袖說，別的社會運動的成員是在年輕時激進，婦女運動的成員則是年紀越大越激進，因爲她們這時才更發現性別歧視有多嚴重。

美國婦女的問題事實上反映的也是全球婦女的問題，臺灣並不是例外。八十年代結束了，眞正把自己放在全人類（而不是「女性」的）立場的婦女應該會發現，世界是兩性共同締造的，只有婦女單方面的自我要求，無非把自己弄得蠟燭兩頭燒，她的努力奉獻並不必然換得對等的報償，沒有另外一半人口的理性自覺，她必然獨力難撐大厦，留下的問題（家庭、子女、社會平等的原則……）仍是整個社會的問題，需要整個社會來面對。

因此，「邁進九十年代」，讓所有的男性女性，讓整個社會一起來「自我期許」吧！

——寫於北美威州

一九九〇、三、三十一

# 法網一○○

美國的法律影集《洛城法網》(*L. A. Law*)這一季在我們國內的播出剛好在這星期告一段落。這個影集至此也正好播滿了一百集，由一個百集紀念單元作結，主持人是國家廣播公司的新聞主播 Jane Pauley，介紹這個影集幕前幕後的製作過程。

通常，只有影視效果特殊的影片，如《星際大戰》的模具和戰鬥場面，如《親愛的，我把孩子縮小了》的微粒世界，如目前正席捲全球的《魔鬼終結者Ⅱ》的電腦視覺合成特技之類，因爲引發觀者巨大的好奇，因而促成製作人現身說法，或媒體的深入追踪。至於因爲主題和演出而值得大書特書作成紀念專輯，尤其在電視影集中，恐怕是少之又少。然而對《洛城法網》這樣的影集，也正是實至名歸。

可是《洛城法網》的成功終究是個異數，這樣的製作水準，在臺灣固然不能想像，便在美國，它也是遠遠超過絕大多數的其他節目。許多也以法律事件或罪犯偵察爲主題的影集，其實不過是製造一點小懸疑，然後利用觀眾看不出漏洞或懶於思考的方便，兩下子「眞相大白」皆大歡喜。至於以財閥世家的光鮮或家居生活的溫暖爲賣點（想想《朝代》或《天才老爹》之類），訴諸中產階級的豔羨好奇或感情認同的，也自然不脫中產品味，娛樂有餘，思考面清湯寡水。

《洛城法網》的好，是因爲它以精緻的故事和演出，不斷地對大眾的道德成見提出挑戰，不斷地強迫觀眾對人性的不可測和理性的限度，以及天理國法人情之間無數的兩難困境加以思考。以這樣的主題來說，第一大功臣無疑是編劇。這一百集片子前後大概播了四年多，這期間也是我自己除了新聞以外唯一儘可能不錯過的一個節目，而始終引起我好奇的是：什麼樣的編劇能夠達到這樣的水準？這回的百集紀念單元倒提供了部分答案：一百集的腳本，前後歷經了三位編劇，而三位都是從專業律師的工作上退下來參與這個製作工作的，這說明了影集對法律專業部分掌握的絲絲入扣。可是，從一個法律案件中所能探討的人性、社會現象和制度得失卻不能只依賴法律專業，它的編劇的成功，如果不又歸諸於異數的話，便顯然是一個集體的智慧所增益的結果了。

所以，當我們看到製作人說到這個影集的二十三人製作羣，爲了一季每週一小時的單元都是整年至少九個半月焚膏繼晷地努力工作，也就不覺驚訝了。專業加努力加不斷的嘗試檢討和增進，才可能在變成成品時，我們看著以爲是自然天成的「異數」──天底下，恐怕沒有什麼好東西眞會是「異數」。

紐約大學和哈佛大學法學院的教授在被訪問到時，都說如今《洛城法網》所演出的案例成爲師生都不能不看，也經常要在課堂上討論的「功課」。這位哈佛教授說，這些演出，比課本更能引發學生對某些法律問題的興趣；主持人則預測，影集中的許多經典案例，恐怕還會教律師們年復一年地討論下去。

《洛城法網》在國內播出時是個深夜節目，顯示它的曲高和寡。而其實，這個影集的糖衣和花邊也不缺，每一個擔綱的律師角色都在「辯護士」之外，同時是個面目鮮活呼之欲出的人，單看演技都已經值回票價。和《洛城》隔季輪替播出的一個以醫學專業爲主題的影集其實也很好，但是，往後一季的深夜沒有了《洛城法網》，對我這樣的夜貓子來說，眞要覺得寂寞許多。

一九九一、十、十五

## 選舉形象

花蓮縣立委選舉的結果，開票數比領票數多了七百多張，成了所謂的「幽靈票」，朝野譁然之外，民進黨因爲前任黨主席黃信介在花蓮競選而只以六十二票些微之差落敗，自然要引發抗爭。這件事無疑將成爲臺灣選舉史上的一個鮮明的紀錄；一方教人痛心，但也必然將促成選務工作更加嚴愼，未嘗不是好事。

事實上，臺灣的選舉有點像臺灣的聯考。聯考儘管考前有惡補有猜題，考試本身又造成教育內容和方式的偏頗，但是考試過程的公正嚴密則並無人懷疑，也成爲聯考迄今存在的最大理由。臺灣的選舉，同樣的，儘管賄選買票傳聞不斷，選舉本身又引導政情、製造惡性競爭，但選務工作的公正嚴密卻年積月累取得相當高度的公信，成爲臺灣地方自治史上差堪告慰的一環。我曾承乏一個院轄市的選舉委員工作十年之久。選舉委員雖不必實際參與選務執行，但監督有責，對整個選務工作流程設計的周延度因此略有瞭解。這個工作流程如果照章執行，任何一個票務點的人員配置都不可能毫無管制；任何一張空白票的流出都必然來自疏失。對一次沒有出錯的投開票過程來說，那些實際執行選務過程的人是最該嘉獎的一羣。

花蓮這七百多張無頭票如何「流入」票箱，實在是可驚而費解，也證明任何嚴密的規章和流程仍可能敗在執行者的經驗和操守上。這是一個警訊，但也因此是一個防杜的轉機，在慣常以爲沒有死角的票務流程中，它顯示了死角的存在和補救的必要。

不過，正因爲警訊是在期待防杜，對於因爲這個事件而連串引起的內政部長、民政廳長和花蓮縣長的引咎辭職，倒教人要覺得，一旦眞這樣連鎖「去官」了，負防杜之職的將士相豈不是一舉盡去？在接續的選務檢討和日後的選罷法修訂工作上，最有經驗而且切身的檢討者反而可能不在其位了。

吳部長、涂廳長和吳縣長的引咎求去，也許還加上省主席的自請處分，都是負責任的表現。但是，吳部長恐怕堪稱臺灣對選務最有經驗的官員，吳縣長也是受到地方肯定的清官，經過這一次事件，必也最能切身體認到人謀的死角，以作爲日後防範的殷鑑。這些人而爲七百多張無頭票一一下臺的話，最多個人贏得負責之名，對這樁失誤的整體，怕卻是再加一層損失。

眼前其實最重要的是，在司法程序結束後爲花蓮的立委補選謀求一個最週全的辦法，使其不得已中猶爲補救，不公平中仍得勉強的公平。其次是將新的經驗投入日後的選務設計和修法工作中。這一陣子執政黨地方輔選單位因選舉結果不利而發的種種互相指摘諉過之詞，使得大眾都看得有些齒冷心寒，吳部長等人的勇於負責固然應受肯定，但是，留下來把問題作最好的彌補，也許更是扭轉執政黨形象的負責之道。

一九九二、十二、二十七

# 公視的課題

本來是在野黨杯葛公視成立的聲音較大，近幾天「公共電視法草案」在立法院進入逐條審查的程序，卻發現民進黨不反對了，如今主要的反對者是新國民黨連線的成員。

風水本來善於輪流轉，不過，仔細看看，這一番主客易位可能正隱藏著一個有趣的規則：落入權力邊緣或成爲第三勢力的，比較不願意看見公視這樣的機構成形。在同一個規則下，脫離邊緣趨近主流的勢力和脫離主流成爲邊緣的勢力，自然隨著形勢的丕變而關切點互換。

原因在哪裏，倒也並不費解：

在「三臺」都顯然受到各種牽制，並不能充分自主的情況下，另一個電視媒體的出現可能帶來的生態改變有兩端，其一是又增加了一個爲有權者傳聲的電視臺，其二是多了一個平衡原有媒體的機構。民進黨和新國民黨連線目前都居於權力邊緣，理論上，如果是基於前一個考慮，它們都應該反對公視成立，如果基於後一個考慮，則都應該贊成，其所以立場涇渭分明，正是因爲趨近主流的民進黨看出贊成之利：其中有自己參與的可能性；而抗爭色彩日重的新連線看出反對之必要：因爲不信任公視的平衡功能。

眞正有趣的關鍵因此在這裏：他們都預設公視不會是一個超然的機構。而我們也因此不免要問：公視眞不可能是一個超然的第三勢力，超然於「三臺」和「第四臺」之外，既提供高水準的節目，又不受商業和政治干擾嗎？

在民營電視節目無可避免的娛樂取向和商業化情況之下，公視成立的必要其實是毋庸置疑的。BBC若非英國國營，美國若非有PBS公視臺，許多高水準的、幾乎成爲世界性標竿的文化節目，都不可能製作出來。但是，由於電視媒介傳播威力的巨大和無遠弗屆，任何團體或個人，政府也罷，民間也罷，沒有不想分一杯羹的，好事（或製造出來的好事）希望藉電視而傳千里，不欲曝光的事希望藉權力使之銷聲匿影，其結果自然是越有權的人對電視干擾越烈。《遠見》雜誌最近對電視記者作了訪問調查，便顯示干擾來自各方，而最大的壓力來源是總統府和文工會，各達百分之八十幾。這樣的調查結果，對照了民進黨和新國民黨連線目前的政治情境，則他們各自對公視設立的反應可以說是再自然不過了。

當然我們不願意預設，如果這兩個政治團體角色再互易的話立場又會翻轉過來，果如此也未免太無操持。但是，要讓政治團體不因自危而寧願公視不存在，卻也必須公視在法規的擬訂和節目的執行上眞能得到「超然」的環境。我們今天的政治生態，極大成分仍不斷在印證達爾文的弱肉強食、適者生存的理論。任何公務單位，只要有收支有成本有預算，就逃不過各級民意代表的關說和壓力；而不同層級的公務單位，也不乏因勢利導，加給其他單位法外的壓力的，大形勢如此，則深知媒體威力的民進黨或新連線要不作如此如彼的反應也就難了。

正視公共電視的文化功能是嚴肅的課題，而怎麼使媒體不受干擾則是整個社會的一大考驗。

一九九三、三、二十八

# 「廢除國語」以後

前幾天和剛來華履新的南非大使維容（Johan Viljoon）夫婦午餐，席間談起南非的兩種官方並行的語言，Afrikaans 和英語。前者是一種和荷蘭話相近的語言，一般南非人（尤其白人）都同時通這兩種語言，但是可想而知，南非人一出了國門，主要使用的都是英語。

後來談到南非的黑人，維容大使說，南非黑人的主要母語有九種之多。其中有多種是彼此不能互通的。我想起近年南非在激烈的黑白衝突之後，政府大幅放寬了黑人的待遇，但是黑人族羣之間卻常打得血流遍野。黑人領袖曼德拉在束手無策之際，還曾向國際譴責白人政府不出面「調解」，其自暴其短的尷尬留給我很深的印象。我因此問維容大使這些爭伐的來源是不是也在語言的分歧，大使毫不猶豫地答道：「當然，毫無疑問。（Of course, no doubt.）」

人要「有理走天下」，全依賴有共通的語言，一旦語言不通，天底下便沒有「有理」之人，而一旦互視爲無理，自然敵意橫生、紛爭不斷。

這幾天立法院的反對黨立委正在高倡「廢除」國語之論，好幾位部長備詢時都迫得上臺展示他們的「母語能力」，剩下教育部長郭爲藩孤軍奮鬥，堅持不在公務場合說方言，「國語只有一種」。

「國語只有一種」明顯地不是排斥方言之意。郭部長甫上任就宣布將在國民教育中加入方言課程，這是四十餘年來語言政策的一大突破。在作這樣的突破的同時而能堅持共通語言的必要，正證明了我們的新語言政策不是盲目守舊，但也不因盲目的壓力就作自貽其害的讓步。

事實上，二十年代以來，臺籍人士在各種不同的環境下曾經倡說過許多種臺語主體論，其激烈者甚至有廢漢字改用拉丁化「臺灣文」的。我自認是國、臺語可以說得一樣好的人，充分能體會說臺語的人的語言情結。問題是，語言的本質並不會跟著人的主觀意願而改變。

「廢」掉國語之後，在這個蕞爾小島上的一千多萬人一走出機場或海港，自己所堅持的「母語」也就「廢」了，他不是得轉換聲道說十幾億人說的普通話——國語，就是得換另一個聲道說一種國際語言，當然頂行得通的是英語。南非人無法靠他的 Afrikaans 走天下，香港人也無法靠他的廣東話走天下，講閩語客語的人又何能例外！

或者有人說，「廢」了國語，臺灣仍可以自成一個數語並行的社會，愛說國語的人去跟「中國」認同，愛說臺語的、客語的、阿美族、泰雅族……語都算「官方語言」，有何不好？瑞士不是三語並存嗎？

有何不好呢？南非那九種語言並存的困境和亂象我們如何能獨免，我不知道。更值得深思的是，這些萬分自珍的母語能得到什麼樣的國際空間呢？瑞士人說的三種語言，德語法語義語，剛好都是世界上的大語言，並且因爲拉丁語系和日爾曼語系的高度同源，他們的互通，並且同時能運用英語的比例也很高，使得瑞士不會有內部的溝通問題，也不會因語言的隔閡而自外於國際社會。另一個例子是愛爾蘭，愛爾蘭和母國英國水火不容，但它如果使用的不是英語，愛爾蘭文學不會有幾世紀來的世界地位，一九二二年愛爾蘭建立獨立共和國後一再鼓勵國民使用愛爾蘭語，照說應該全民響應，但英語卻反而更加通行，全國皆用。原因很簡單，自外於大語族也就自外於世界性的文化空間，智者不爲也。

國語能不能「廢」？應該不是難回答的問題吧！

一九九三、四、四

# 三民叢刊書目

㉔臺灣文學風貌　李瑞騰著
㉕干儛集　黃翰荻著
㉖作家與作品　謝冰瑩著
㉗冰瑩書信　謝冰瑩著
㉘冰瑩遊記　謝冰瑩著
㉙冰瑩憶往　謝冰瑩著
㉚冰瑩懷舊　謝冰瑩著
㉛與世界文壇對話　鄭樹森著
㉜捉狂下的興嘆　南方朔著
㉝猶記風吹水上鱗
・錢穆與現代中國學術　余英時著
㉞形象與言語
・西方現代藝術評論文集　李明明著
㉟紅學論集　潘重規著
㊱憂鬱與狂熱　孫瑋芒著
㊲黃昏過客　沙究著
㊳帶詩蹺課去　徐望雲著
㊴走出銅像國　龔鵬程著
㊵伴我半世紀的那把琴　鄧昌國著
㊶深層思考與思考深層
・轉型期國際政治的觀察　劉必榮著
㊷瞬間　周志文著
㊸兩岸迷宮遊戲　楊渡著
㊹德國問題與歐洲秩序　彭滂沱著
㊺文學關懷　李瑞騰著
㊻未能忘情　劉紹銘著
㊼發展路上艱難多　孫震著
㊽胡適叢論　周質平著
㊾水與水神　王孝廉著
㊿由英雄的人到人的泯滅
・法國當代文學論集　金恆杰著
(51)重商主義的窘境　賴建誠著
(52)中國文化與現代變遷　余時英著

## ㊺橡溪雜拾

思果 著

本書爲作者近年來旅美讀書心得、生活觀感。作者人生經歷豐富，觀察入微，涉筆成趣，說理深入淺出。觀世的文章，卻沒有說教的味道，詼諧之文寫來沒有做作的痕跡。有美麗如詩的短文，也有談論科學知識的篇章。適合各階層讀者加以細讀品味。

## ㊾統一後的德國

郭恆鈺 著

兩德統一不是西德用馬克吃掉東德，也不是聯邦德國版圖的擴大，而是兩個政經體制完全不同的國家及人民的重新整合。本書從這個角度出發，介紹統一後的德國在經濟、政治、法制、教育以及意識型態等多方面所遭遇到的諸多問題。

## ㊿愛廬談文學

黃永武 著

本書以中國文學詩歌爲主體，爲維護中國文字的正體字而大聲疾呼；爲光揚中國古典詩在現今美學中的價值而細心闡發；對於敦煌新發現的寫卷資料，也用淺顯筆法作應用的示範；對西洋星座起源的追索以及對「圖象批評」的分析，均極具啓發作用。

## 56南十字星座

呂大明 著

人生是一段奔馳的旅程，生命的列車載著你、我向四野茫茫的時空飛奔……當你在生旅中奔馳，請爲這本小書逗留片刻，書中有人間至情、生活的哲思、美的闡釋、文學盤古的足音，有清純如童謠般的吟唱，也有鐫心的異鄉情懷……

## ⑰重疊的足跡

韓秀 著

因爲一份眞摯的愛，對文學，對那塊廣袤的土地，對那些親如手足的人；所以有了理解，有了同情，有了尊敬；那怕是擦身而過，也會留下痕跡，留下感觸。本書作者以親身經驗寫她和十多位作家的交往，爲當代中國文學史添加幾頁註脚。

## ⑱書鄉長短調

黃碧端 著

本書內容包括文學隨筆、新書短評、域外書介三部分。作者藉由理性的角度、感性的筆調，評論了近幾年來出版的一些小說，兼論及文學界的一些人與事，並對中文西譯的困難展現出相當程度的關懷。

## ⑲愛情・仇恨・政治

・漢姆雷特專論及其他

朱立民 著

本書論及四部莎士比亞悲劇裏的各類問題：如朱麗葉的父親對悲劇發生的責任、奧賽羅黑皮膚的反諷、漢姆雷特內心的衝突、勞倫斯奧立弗如何改編莎劇及柴弗瑞里如何處理漢姆雷特的戀母情結等等。

## ⑳蝴蝶球傳奇

・眞實與虛構

顏匯增 著

本書所力圖企及的絕非所謂的「魔幻寫實主義」，而是企圖尋找一個眞正屬於「紙上文字世界」的經驗。作者認爲唯有從紙上經驗「本身」獲得眞實的感受，才能在諸般迥異於文字世界的世界中，洞見出眞正活生生的東西……

## ⑥①文化啓示錄

南方朔 著

目前的臺灣正在走向加速的變革中，相應的是一切變革之後的「文化」改變卻明顯的落後太多。「文化」與現實的落差是作者近年鍥而不捨於「文化」問題的原因，本書則是提供讀者一個思考的空間。

## ⑥②日本這個國家

章陸 著

本書從東、西方及過去、現在、未來等衝擊與演變，綜看日本的萬象。作者以旅日多年的見聞，根據今昔史實，敍述日本的風土習俗、文化源流、天皇制度、政壇人物、社會現象等等，並比較其互爲因果，以期能向國人提供認識日本的一些參考資料。

## ⑥③在沉寂與鼎沸之間

黃碧端 著

本書是作者對當今時事的分析評論集，篇篇都有獨到的見解，觀察入微、議論平實。除了能啓發讀者另一層思考外，亦展現出高度的感性關懷。在紛擾鼎沸的世局中，是一股永不沉寂的清流，值得關心國事的人，同來思考與反省。

## ⑥④民主與兩岸動向

余英時 著

一九八七－九一是海峽兩岸局勢動盪最劇烈的時期，在此關鍵時刻，本書作者以一個「學歷史的人」的觀點，對中國的民主發展及兩岸動向提出一些見解，期望此見解能產生「見往知今」的效用，同時也期待處於此歷史轉折點上的中國人一起省思。

## ⑥⑤ 靈魂的按摩

劉紹銘 著

本書作者長年旅居海外，以宏觀的視野、幽默風趣的筆調，對當代中國文學及世界文化現象，加以詮釋及評析。希望讀者藉著本書的「按摩」，不僅能達到滌清思緒，舒筋活骨之效；更能對這個既熟悉又陌生的世界，有著嶄新的認知及體驗。

## ⑥⑥ 迎向衆聲

### ·八〇年代臺灣文化情境觀察

向陽 著

本書是作者在八〇年代期間，面對風起雲湧之臺灣文化現象所作的觀察報告。向陽以其詩人之心、論者之眼，透過對文學、藝術、民俗、語言、史料整理及相關著作的解讀與評析，試圖建構一個「文化臺灣」圖式，彰顯八〇年代臺灣文化的形貌。

國立中央圖書館出版品預行編目資料

在沉寂與鼎沸之間／黃碧端著--.初版
.--臺北市：三民，民82
面；　公分.--（三民叢刊;63）
ISBN 957-14-2025-5（平裝）

1.論叢與雜著

078　　　　82007143



著　者　黃碧端
發行人　劉振强
著作財產權人　三民書局股份有限公司
印刷所　三民書局股份有限公司
復興店／臺北市復興北路三八六號五樓
重慶店／臺北市重慶南路一段六十一號
郵　撥／〇〇〇九九九八——五號
初　版　中華民國八十二年十月
編　號　S 85240
基本定價　叁元伍角陸分
行政院新聞局登記證局版臺業字第〇二〇〇號



ISBN 957-14-2025-5（平裝）